Thierry Paquot
Die Kunst des Mittagsschlafs

Steidl
Pocket

Thierry Paquot, geboren 1952, ist Philosoph, Professor und Herausgeber der Zeitschrift *Urbanisme*. Er veröffentlichte zahlreiche Bücher zur Stadtentwicklung, Architektur und über moderne Utopien. Paquot schreibt regelmäßig für u. a. *Les Cahiers du Cinéma* und *Le Monde diplomatique*.

Melanie Heusel hat Geschichte und Germanistik in Bremen studiert. Sie lektoriert Belletristik, Sach- und Fachbücher, übersetzt aus dem Französischen, textet für Unternehmen und Unternehmungen, moderiert Veranstaltungen und unterrichtet wissenschaftliches Schreiben an Hochschulen.

THIERRY PAQUOT

DIE KUNST DES MITTAGSSCHLAFS

Aus dem Französischen von
Melanie Heusel und Sabine Dzuck

Steidl Pocket

Inhalt

I

Einleitung

Langsam erhebe ich mich von meinem Schreibtisch, schalte meinen Computer aus, gehe auf mein Bett zu, streife meine Schuhe und Socken ab, ziehe meine Hose aus, stelle das Telefon und mit Bedauern die Stereoanlage ab, aus der gerade noch »Recital für Harfe« von Martine Geliot zu hören war. Dann lege ich mich hin, senke die Lider und höre, wie ich mir selbst »Schlaf gut« wünsche, fast unhörbar in den leeren Raum gesprochen, ein zärtliches Murmeln nur. Wenige Sekunden später habe ich die Kontrolle völlig verloren, bin ganz »woanders«, im Land des Schlafes. Wie spät es ist? Fast halb zwei, früh am Nachmittag. Dieser so angenehme, kurze Moment, in dem die Siesta nach Ihnen ruft – und Sie nicht wissen, wie Sie antworten sollen. Schlafen? Aber es gibt doch so vieles zu erledigen! Schlafen? Aber das ist doch nicht ernsthaft möglich! Wenn das jemand erführe, es weitersagte, meinen Verwandten, meinen Studenten, meinen Kollegen, meinen Vorgesetzten... Nein, nein, stören Sie mich nicht, jetzt ist Ruhepause. Ich bin für niemanden zu sprechen: Ich schlafe! Was? Ja, ja, Thierry Paquot liegt in der Heia wie ein Kind! Schämen sollte er sich, alle sollten sich schämen, die dieser Gewohnheit aus einer anderen Zeit frönen, einer Gewohnheit, die man verurteilen sollte, verbieten, bestrafen! Tag ist Tag, der ist zum Arbeiten da, Menschenskind. Und was ist mit der Nacht ... die Nacht? Da wird geschlafen. Punktum. Keine

Diskussion. Kein Theater. Das ist ein hervorragender Rhythmus, klug, rational, funktionell und letztlich für alle Beteiligten rentabel. Er kommt allen zugute: dem Arbeitgeber wie dem Arbeitnehmer. Kurzum, es ist einfach nicht vernünftig, sich aus dem sozialen Leben zurückzuziehen, nur um ein Nickerchen zu machen, so als ob nichts wäre! Aber dennoch, trotz dieser Argumente aus dem Munde wichtiger Leute, bekenne ich, gestehe, erkläre: Die Siesta ist der Höhepunkt einer Lebenskunst – ja, einer Lebenskunst! –, die es verdient, verteidigt und unters Volk gebracht zu werden, die es verdient, gelebt zu werden, und zwar mit Überzeugung, Lust und Ernsthaftigkeit. Mittagsschläfer und Mittagsschläferinnen aller Generationen und Berufe, aller Breitengrade und Zeitzonen, behauptet eure Einzigartigkeit und widersetzt euch der planetaren, der satellitären, der totalitären Zeit! Das ist nur der Anfang, die Siesta geht weiter.

Die Siesta ist ein Imperativ. Sie bittet nicht, sie zwingt sich auf. Sie ist einfach da, verführerisch, aufreizend, zärtlich, mit einem Wort: unwiderstehlich. Sie umgibt Sie mit Wärme, liebkost, streichelt Sie. Und Sie folgen ihr blind. Gegen Ihren Willen schließen Sie die Augen, nach und nach entspannen Sie sich. Ihr Körper, der Sie eben noch beengte, scheint leicht, unsichtbar, unwirklich. Das Glück – eine Form des Glücks – überkommt Sie. Sie lassen es geschehen, lassen sich gehen und geben sich zu Ihrem eigenen Erstaunen hin. Wem? Einem neuen Herrn? Einer Liebhaberin? Sie kleiner Geheimniskrämer... Verstecken Sie eine verbotene Liaison? Ja, es ist eine Beziehung – verurteilt von der Produktivitätsmoral –, eine Beziehung mit der Nacht am helllichten Tag, mit Hypnos... Siesta bedeutet, am helllichten Tage mit dem Schlaf gemeinsame Sache zu machen, ihm Ehre zu erweisen, indem man in seiner Begleitung eine Pause einlegt und auf weitere Gesellschaft wartet – der Träumerei... Mittagsschlaf ist Wohltat.

Das Kind ist unruhig. Es weint, brüllt, rollt sich auf dem Boden herum, stößt alles um, was ihm in die Quere kommt. Es weigert sich, schlafen zu gehen – zu bedrohlich erscheint ihm dieser Vorschlag, zu sehr wie eine Bestrafung. Um es zu beruhigen, müssen Sie es in Ihre Arme nehmen, es in Ihre Zärtlichkeit betten, es in den Schlaf begleiten und in seine Angst Ihre Freude an der Schlafenszeit mischen. Die Schlafenszeit folgt der Mahlzeit, sei diese nun karg oder üppig gewesen. Beim Erwachen wird das Kind wieder Appetit haben auf die Welt und sie mit unstillbarer Neugierde erforschen. Der Mittagsschlaf ist wie eine Atempause, ein notwendiger Moment des Innehaltens, um Körper und Geist wieder aufzutanken. Auch das Baby und das Kleinkind nähren sich von dieser einzigartigen, wertvollen Zeit. Schlafend ist ein Kind am schönsten. Schauen Sie es sich an. Es sieht so friedlich aus wie eine ruhige, strahlende Landschaft. Eine verschneite Landschaft, die alle Geräusche dämpft und von der Stille singt. Eine sonnige Landschaft, die die Muskeln des Körpers erwärmt und träumen lässt. Mehr als nur ein Maler hat die Landschaft in Kunst verwandelt, sie »verkünstlicht«, wie es bei Montaigne heißt. Tatsächlich hilft uns das Gemälde einer Landschaft, »Natur« genauer zu sehen und wertzuschätzen. Gleiches gilt auch für den Kunst gewordenen Schlaf, der uns an seinem Atem, seiner Gelassenheit, seinem Zauber im Halbdunkel teilhaben lässt. Möge uns der Schlaf aus der Finsternis führen und uns in heitere oder auch stürmische, in jedem Fall aber in erleuchtete Gefilde geleiten...

II

Bilder einer Siesta

Sehen Sie sich das Jesuskind auf dem Bild *Die Stille* von Domenico Zampieri, genannt »il Domenichino«, genau an. (Abb. Seite 12) Jesus liegt dort in einer Haltung, die dem Schlaf nicht besonders zuträglich sein dürfte, und dennoch geht von ihm eine ansteckende Ruhe aus. Seine Mutter hält ihren rechten Zeigefinger an die Lippen und fordert alle Umstehenden dazu auf, keinen Lärm zu machen. »Still«, raunt sie, »still, still, weil's Kindchen schlafen will...«

Domenichinos Zeitgenosse Giorgione (1477–1550) malte eine *Schlummernde Venus*, die er nicht vollenden konnte – die Pest von Venedig hatte ihrerseits den Maler vorzeitig in eine ewige Siesta entführt. (Abb. Seite 19) Tizian, der die *Schlummernde Venus* fertigstellte, fügte der Landschaft sicherlich einige Details hinzu und arbeitete auch am Himmel. Die junge nackte Frau jedoch rührte er nicht an, deren linke Hand zärtlich zwischen ihren Schenkeln ruht. Löst sich in ihr gerade die köstliche Spannung der Masturbation? Das zerwühlte Laken, auf dem sie ausgestreckt liegt, scheint von vergangenem Aufruhr zu sprechen... Zur selben Zeit, gleich zu Beginn des 16. Jahrhunderts, malte auch Piero di Cosimo sein Bild *Venus, Mars und Armor*. Darin ist es Mars, der nackt und ausgestreckt mitten in einer heiteren, von Tieren und Engelchen bevölkerten Landschaft einen Mittagsschlaf hält. (Abb. Seite 44)

Die Stille (1605)
Domenico Zampieri (Domenichino)

Auch Caravaggio hat im Gemälde *Ruhe auf der Flucht nach Ägypten* wunderbar die für den Mittagsschlaf typische Entspannung veranschaulicht. Die Madonna und ihr Kind schlafen, während Joseph einem jünglingshaften Engel die Noten hält, der auf der Geige spielt. Die Musik trägt zur Beruhigung und zur Erleichterung bei. Hier, während dieser kurzen Atempause, gibt es keine Angst. Die Gründe für die Flucht und die Gefahren der Reise sind für einen Moment vergessen. Gelassenheit liegt wie ein unsichtbares, schützendes Tuch über den Figuren. Das Kind fürchtet nichts. Was sollte es auch fürchten, gewiegt vom sanften Atem seiner Mutter?

Orazio Gentileschi taucht wiederum Joseph in einen tiefen Schlaf. In seiner Vision von einer *Rast der Heiligen Familie auf der Flucht nach Ägypten* kämpft Maria dagegen an, dass ihr die Augen zufallen, während Jesus gierig an ihrer Brust trinkt. (Abb. Seite 30) Dem Betrachter gibt das Kind mit abwehrendem Blick zu verstehen, dass es in dieser angenehmen Zweisamkeit, während dieses genüsslichen Saugens, auf keinen Fall gestört werden will.

Pieter Brueghel der Ältere zeigt uns auf seinen Bildern *Kornernte* (1565) und *Das Schlaraffenland* (1567) ruhende Männer. Sie schlafen lang hingestreckt mit gespreizten Beinen, ungeniert und in offensichtlichem Behagen, die einen nach getaner Arbeit, die anderen nach einem opulenten Mahl. (Abb. Seite 39) Das Schlaraffenland gibt es nicht, nichts führt dorthin, außer der Phantasie. Der Historiker Jean Delumeau, der mehr als ein Schlaraffenland besucht hat – von Boccaccio bis Rabelais –, weiß zu berichten, dass in all diesen Ländern Flüsse aus Honig fließen,

Brunnen voll Wein stehen und Bäume, deren Früchte sofort nachwachsen, wenn man sie pflückt. Ferner regnen dort saftige Keulen vom Himmel, ragen Gebirge aus geriebenem Parmesan hoch hinauf und Schweine drehen sich am Spieß, in denen schon das Messer zum Tranchieren steckt. Kurzum: Länder, in denen es sich gut leben lässt, Zufluchtsorte für all diejenigen, die Mangel leiden, die mehr schlecht als recht durchs Leben kommen in einer von Kriegen gegeißelten Welt, zerrissen von sozialer Ungleichheit und voller Ungerechtigkeiten jeglicher Art… Angesichts der immer größeren Bürden, angesichts des Unglücks, das auf ihn einstürmt, flüchtet sich der Bauer, der arme Schlucker, in die Vorstellung von einer besseren Welt – in die Beschreibung eines Schlaraffenlandes.

Brueghels Gemälde heißt auf Niederländisch *Luilekkerland*, was wörtlich übersetzt so viel bedeutet wie »Land der Leckereien«. Es überrascht also nicht, dort Pasteten, Torten, gegrilltes Geflügel und Ähnliches mehr abgebildet zu sehen. Der Traum vom Überfluss, von Ruhe und Müßiggang ist die Antwort auf die Hungersnöte, die immer drohend über diesen Landschaften schweben. Eben diesen Traum erzählt uns das berühmte Gemälde von Brueghel dem Älteren – mit seinen Farben, den Posen und der Mimik seiner Figuren. Brueghel bietet ein Stück Trost, einen Hoffnungsschimmer an. Der Soldat, der Bauer und der Student mit seinem Buch neben sich haben nicht nur dieses eine Mal wirklich gut gegessen, ihr Anblick ist vielmehr ein Gegenmittel gegen das herrschende Unglück, die Krankheiten und die Leiden des Krieges.

An manchen Tagen, wenn ich beim aufmerksamen Betrachten der *Kornernte* das regelmäßige Schnarchen des Landarbeiters zu hören meine, lächele ich wohlig in Gedanken an ihn und an die Bequemlichkeit und den Frieden, die mir heute die Gesellschaft bietet, in der ich lebe und schlafe. Seltsam, nicht wahr? (Abb. Seite 70) Dass es Freude macht, sich in ein Gemälde hineinzustehlen, wo Sie niemand erwartet. Dort angekommen, sprechen Sie – mit Ihrer modernen Kleidung, mit der Mentalität Ihrer Zeit – diese oder jene Person an, als seien Sie mit der Welt dort drüben vertraut.

Tatsächlich genügt schon ein einfacher Mittagsschlaf, damit Sie sich an der Seite von Alexander wiederfinden, dem glücklichen Träumer aus dem Film von Yves Robert (1967). Sind Sie schon einmal in einen Film eingetreten wie die Heldin in Woody Allens *The Purple Rose of Cairo*? Es ist eigenartig, aber mir scheint, die Siesta begünstigt solche Reisen. Mit einem Gemälde oder einer Filmszene zu kollidieren, Bilder über eine Wirklichkeit zu legen, dem eigentlich Zweidimensionalen Tiefe zu verleihen, das vernünftigerweise Unbewegliche zu bewegen – das allmähliche Einschlafen macht solchen Zauber möglich.

Aber kehren wir für einen Moment in unsere persönliche Galerie zurück. Wir waren bei Brueghel stehen geblieben. Nun, auch fast ein Jahrhundert später werden die flämischen Meister der Siesta huldigen, zumindest empfinde ich es so beim Anblick einiger ihrer Gemälde – wobei ich Gefahr laufe, recht einseitig zu interpretieren… Der wilde Tanz auf Rubens' *Die Kirmes* reißt mich mit sich, doch all der Trubel kann ein Liebespaar auf diesem Bild nicht davon abhalten, sich auf dem Rasen niederzulassen, miteinander zu schäkern, sich zu liebkosen, um später in einen erquickenden Mittagsschlaf zu fallen. (Abb. Seite 48)

Der *Philosoph in Meditation* von Rembrandt denkt sicherlich nach und zieht sich dazu in eine dunkle Ecke des Raumes zurück. (Abb. Seite 55) In dieser gesuchten Einsamkeit senkt er den Kopf, schließt die Augen und macht sich auf die Jagd nach Ideen ... oder döst er? Ich bin davon überzeugt. Er zieht sich im Halbschlaf von dieser Welt zurück, phantasiert wie es ihm gefällt, denkt, träumt, errichtet Theorien, trifft andere Denker und erarbeitet neue Konzepte. Auf gleiche Weise hat *Die Torwache* von Carel Fabritius ihren Posten verlassen. Nur ein kleiner Hund bleibt wach und betrachtet zärtlich, mitfühlend wie ein Mensch, den jungen schlafenden Soldaten, der wieder zu Kräften kommt. Und auch die Tatsache, dass es sich bei dem *Paar im Schlafgemach* von Jan Steen um eine Bordellszene handelt, hindert mich nicht daran, diese in die Stunde der Siesta zu verlegen und mir vorzustellen, wie das Paar nach ein paar lustvollen Liebkosungen vom Schlaf eingehüllt wird wie von dem Betttuch, das es weich zudeckt und wärmt.

Auf dem Bild *Schlaf des Endymion* zeigt Anne-Louis Girodet de Roussy-Trioson einen Seligen, der gleichmäßig, ruhig und sachte atmet, man hört ihn kaum... Man könnte ihn für einen Engel halten, hätte er nicht dieses Geschlecht, das ebenfalls schläft, zurückgezogen im Schutz seiner Scham. (Abb. Seite 62)

Die zahlreichen Kurtisanen und Badenden, die »leichten Mädchen« und Modelle, welche die Gemälde der Orientalisten,

Impressionisten, Pointillisten, Fauvisten und anderer bevölkern, sind von ebenso träger Natur wie sie aktive Mittagsschläferinnen sind. Auf seinem Bild *Frau mit Papagei* (1827) verleiht Eugène Delacroix der Siesta warme, fleischliche, erotische Farben. Seine *Frauen von Algier in ihrem Gemach* lassen an die Vorbereitungen für eine verträumte Siesta denken. Der Rauch aus der Wasserpfeife ist schließlich ein angenehmer »Wegbereiter«… (Abb. Seite 67)

Auch die *Mädchen an der Seine* (1856) von Gustave Courbet sind nicht untätig. Die eine – sie scheint zu schmollen oder sich zu langweilen – ist damit beschäftigt, an nichts zu denken, die andere damit, tief und fest zu schlafen. Jede liegt für sich, ganz anders als die beiden einander liebenden Frauen, die Courbet im Auftrag des osmanischen Sammlers Khalil-Bey gemalt hat: Nichts spricht gegen die Vermutung, dass auch die *Schläferinnen* (1866) eine Siesta halten. Zärtlich ineinander verschlungen vereinigen sich diese beiden Lesbierinnen nach der Liebe erneut im gemeinsamen Schlaf. Derselbe Khalil-Bey kaufte auch den *Ursprung der Welt* und erwarb von Jean-Auguste-Dominique Ingres jenes fabelhafte runde Gemälde mit dem Titel *Das türkische Bad*. (Abb. Seite 80) Wie durch ein Schlüsselloch lässt uns Ingres einen Blick erhaschen auf einen Hamam. Dort sitzen nackte Frauen eng beieinander und unterhalten sich. Manche erwachen gerade, andere schlafen ein. Einige werfen sich in Pose, und wieder andere versuchen, ein Gähnen zu unterdrücken. Eine der Frauen spielt auf einem Instrument und schaut dabei zwei jungen Frauen zu – ob sie wohl Musik aus ihrer Heimat spielt? Der Maler lässt uns die Musik nicht hören, er lässt uns sehen: Wir sehen die Gelöstheit der Siesta, die nichts anderes ist als ein Er-wachen der Sinne! Zumindest glaube ich dies zu erkennen.

In den unzähligen Darstellungen eines Picknicks im Grünen – seit Manets *Déjeuner sur l'herbe* scheinbar *en vogue* – finden wir ebenfalls Personen, die bereits dem Mittagsschlaf frönen oder dies bald tun werden. Mit *Badeplatz in Asnières* (1883) und *Ein Sonntagnachmittag auf der Insel La Grande Jatte* (1884) kämpfte auch Georges Seurat für das Recht auf eine Siesta – zu einer Zeit, in der die Sonntagsruhe noch keineswegs für jedermann selbst-verständlich war. Tatsächlich wäre den Arbeitern ein freier Mon-tag lieber gewesen; den Sonntag hätten sie gerne den Frömmlern überlassen.

Monet, Manet, Toulouse-Lautrec, Gauguin und viele mehr sollten später noch dieses Aussetzen der Zeit, diese Zäsur mitten am Tage, diese »Zeit für sich« darstellen. Zwar ist der Mittags-schlaf nicht explizit deren Thema und taucht auch im Titel ihrer Werke nicht auf – doch seine Anwesenheit steht völlig außer Frage. Oft zeigten Künstler die Siesta als Begleiterscheinung der Sexualität, des Verlangens und der Vereinigung.

Anders ist es bei den Frauenfiguren von Edouard Vuillard. Dieser zeigte sie ausgestreckt auf einer Chaiselongue oder einem Kanapee: *Misia und Thadée Natanson* (1897), *Frau, im Garten sitzend* und *Frau, im Garten lesend* (1898) sowie *Madame Hessel in ihrem Salon* (1910–1912). Diese Frauen sitzen mit offenen Augen über ein Buch gebeugt da oder sind verloren in Gedanken, die so schwer zu haschen sind wie Schmetterlinge – und dennoch hal-ten sie Siesta. Auch wenn die Losgelöstheit nicht absolut, die

Schlummernde Venus (1508–1510)
Giorgione und Tizian

Abwesenheit nicht vollständig, das Exil nicht ganz erreicht ist, findet die Siesta statt. Man hält sie auf verschiedenste Weise: fällt in bleiernen Schlaf, döst einige Minuten vor sich hin oder lässt für ein paar Augenblicke völlige Leere in sich aufkommen…

Unter den Händen der Maler erscheint die Siesta in einer ganzen Palette freundlicher Farben. Doch achten Sie beim Einschlummern auf das kurze Präludium, das dem Schlaf vorausgeht, wie schnell auch immer er kommt. Denn in diesem Moment erschaffen Sie, inspiriert durch Bilder, die Sie lieben, ihr eigenes Gemälde. Sie schlüpfen hinein, und alles wird Farbe – eine sicherlich symbolische Komposition, unbeschreiblich und unergründlich. Es gibt da den ockerfarbenen Mittagsschlaf, heiß und schweißtreibend, den roten, brutal, gleißend, und den jungfräulich weißen, rein und leicht. In manchem Mittagsschlaf werden Sie von Sandstürmen, von launischen Meeren und schwatzhaften Winden heimgesucht. Der bunte ist der beste. Er beruhigt und verstört zugleich. Er ist unersetzlich.

III

Der Mittagsdämon

Der Soziologe und Philosoph Roger Caillois hat 1936 und 1937 die Quintessenz seiner Diplomarbeit veröffentlicht. Sein Thema: *Les démons de midi* – die Dämonen des Mittags. Damit betrat er ein bis dahin kaum erforschtes Terrain, welches in der Antike von Dämonen, Sirenen, Satyrn, Nymphen und vielen anderen fürchterlichen Phantasiegestalten bevölkert worden war. Der Mittagsdämon steht für die Unruhe, die manche Menschen um die Mittagszeit erfasst. Warum gerade zu dieser »sechsten Stunde« und nicht zu irgendeiner anderen Zeit? Das ist leicht zu erklären, es ist der Moment des Tages, in dem kaum ein Schatten Zuflucht gewährt und in südlichen Ländern die Sonne im Zenit über den Menschen triumphiert.

Die Römer nannten diese Zeit des Tages *meridies,* während *media noctis* die Mitte der Nacht bezeichnete und *meridiari* »Siesta halten« bedeutet. Abwandlungen dieser Wörter haben in andere europäische Sprachen Eingang gefunden. So ist der Meridian allgemein bekannt, und vielleicht auch die Méridienne, ein Tagesbett für den Mittagsschlaf, das zu Beginn des 19. Jahrhunderts im Empire sehr modern war.

Der Mittag gilt also als heikel und gefährlich. Nach Servius ist diese »einzigartige« Stunde gar die des Spuks und nach Plutarch die des Aberglaubens. Keine ernsthafte Angelegenheit kommt während dieser Tageszeit zu einem vernünftigen Abschluss. Mittag markiert den Höhepunkt des täglichen Sonnenlaufs. Daher werden viele mit dem Sonnenkult verbundene Riten zu diesem Zeitpunkt vollzogen, weshalb andere Religionen die Mittagsstunde für unheilvoll halten. Der Islam etwa rät dem Gläubigen davon ab, zu dieser gottlosen, den Sonnenanbetern vorbehaltenen Zeit den Propheten anzurufen. Während bei den Azteken der »Mittag« als der beste Zeitpunkt für Opfergaben galt, stellt er für zahlreiche indo-europäische Völker die Stunde der Toten, manchmal sogar die des Todes dar.

In der griechischen Mythologie tauchen die Nymphen am Mittag auf und versuchen, Pan zum Tanz zu verführen. Bei Roger Caillois ist zu lesen: »Derjenige, der sich zu Mittag dem Einfluss der Nymphen aussetzt, schlafloser Göttinnen, furchterregend für die Landbevölkerung, wird von einem heiligen oder prophetischen Wahn erfasst.« An späterer Stelle führt er aus, dass die Nymphen am Mittag, zu dieser gefährlichen, schicksalhaften Stunde, ihren Zauber aussprechen und dass sodann alle vom Wahnsinn gepackt werden. Sicherlich, die Stadtbewohner sind vor Sonnenbrand und Hitzewahn gefeit, wenn sie im Schatten ihres Hauses Siesta halten – aber was ist mit den Hirten und Schäfern? Zu allem Übel frönt Pan auch noch der Onanie und stiftet die Hirten dazu an. Wie sollte ein einsamer Hirte – erdrückt von der Mittagshitze, im Halbschlaf von unmöglicher Liebe träumend und voller Verlangen nach lüsterner Vereinigung – einer solchen Einladung widerstehen? Stella Georgoudi verweist im *Dictionnaire des mythologies* auf die erhebliche sexuelle Aktivität des Gottes. Pan sei ein ithyphallischer Gott, ein Wüstling *(lagnos),* der Liebe zugetan *(erôtikos)*, lüstern wie ein Zuchthengst *(kélon)*, vor Sperma über-quellend *(polusporos)*, der Nymphen nachstelle – deren Schreie während ihrer flüchtigen Vereinigung mit dem Gott in den Grotten widerhallten. Er verfolge auch die jungen Hirten (Pan der Päderast), um bei ihnen Befriedigung zu finden, wenn er ohne Partnerin sei. Die Selbstbefriedigung, die Pan den Hirten beigebracht habe, sei nach Diogenes vor allem typisch für die Ziegenhirten, deren Lüsternheit sprichwörtlich sei und in krassem Gegensatz zur Enthaltsamkeit der Kuhhirten stehe. Pan selbst ist die Frucht einer Vereinigung von Penelope mit Hermes in Bockgestalt. Daher seine eigene Schwäche für Ziegen, die Diogenes als der Lust zugetane Tiere bezeichnet.

Der Mittag ist also eine Stunde von großer sexueller Intensität, in der sich wahre Ströme von Samen ergießen. Wie viele dösende Hirten haben sich von Sirenen besteigen lassen? Wie viele heimliche und lustvolle Kopulationen haben sich auf der blanken Erde zwischen einem Bauern und einem Succubus ereignet? Wie viele erotische Träume sind Momenten der Siesta entsprungen, in denen sich das sexuelle Verlangen in einer mechanischen und befreienden, kaum bewussten und kaum erinnerten Handbewegung entlud? Wie dem auch sei, zahlreich sind die Legenden, die den Mittag mit übernatürlicher Befruchtung assoziieren, mit unbefleckter Empfängnis, mit der Verwirrung der Sinne und dem Tabubruch. Dieser kurze Schlaf, dieses Stückchen Nacht am helllichten Tage, hat er immer diese lustvolle Seite? Sicher bedrängt die aufreizende Siesta mehr als nur einen oder eine, doch in diesen köstlichen Moment mischen sich manchmal auch Angst und »panischer« Schrecken – ein Wort, Sie ahnen es schon, das auf den Gott Pan zurückgeht.

Der Mittagsdämon oder auch das Mittagsgespenst haben zahlreiche Schriftsteller inspiriert. Paul Bourgets *Le démon du midi* von 1914 ist ein Beispiel aus der französischen Literatur, der Roman *Die Mittagsfrau* von Julia Franck ist eines aus der jüngsten deutschen.

IV

Die disziplinierte Zeit

Eine »Siesta« kann wenige Minuten oder mehrere Stunden dauern. Das Wort kennt nicht nur eine Verwendung: Es hat Epochen und geografische Grenzen überschritten. Aber wovon ist hier eigentlich die Rede. Von der Siesta! Der Siesta? Schnell in ein Wörterbuch geschaut: »SIESTA, SIESTE, f. mittagsruhe, nachmittagsschlaf während der ärgsten hitze, aus span. siesta (eigentlich *sexta hora*) entlehnt (...). die aussprache ist dreisilbig mit dem ton auf der zweiten silbe, *si-ésta, -e.* es begegnet zuerst im 18. jahrh., gewöhnlich mit deutscher endung. bildlich: der tod ist die sieste der menschheit. J. Paul. jetzt gewöhnlich als *siesta,* mundartlich in Luxemburg *sieste,* f. repos pris après le dîner durant la chaleur.« (Deutsches Wörterbuch von Jacob und Wilhelm Grimm, Bd. 16, 1984).

Im *Dictionnaire des symboles* von Jean Chevalier und Alain Gheerbrant wird im Abschnitt zur Apokalypse die Zahl Sechs mit der Sünde in Verbindung gebracht. Sechs ist die Zahl Neros, des sechsten Kaisers, und die der Schöpfung – schließlich schuf Gott Himmel und Erde, Tiere und Pflanzen, Mann und Frau etc. in sechs ordentlich vollgepackten Tagen! Sechs Seiten hat auch das Hexagon, womit Franzosen ihr Land bezeichnen und was in der Symbolik des Hinduismus für die Penetration der *yoni* durch den *linga* steht, das Gleichgewicht von Feuer und Wasser, Symbol der schöpferischen Kraft *(rajas)* und der Offenbarung. Es ist auch die

Zahl des Davidsterns mit seinen sechs Zacken, Sinnbild des Makrokosmos. Den Maya ist der sechste ein unheilvoller Tag, der den Tod ankündigt, während er bei den Bambara die Möglichkeit bedeutet, ein männliches Zwillingspärchen zu bekommen (drei plus drei).

Wie die meisten magischen Zahlen und Symbole ist auch die Sechs ambivalent. So kann die sechste Stunde, also der Mittag, genauso gut den braven Christen zum Gebet mahnen, wie sie zur Siesta rufen kann. Tatsächlich nahm man die frühe Mahlzeit bis zum Beginn des 17. Jahrhunderts im Okzident gegen zehn Uhr ein, weshalb die Mittagsstunde erst auf das Essen folgte. Während des 17. und 18. Jahrhunderts wurde dann die Mahlzeit zwischen elf und zwölf Uhr serviert, und erst in der urbanen Welt Mitte des 19. Jahrhunderts verschob man das Essen auf die Zeit zwischen zwölf und ein Uhr, was wiederum die Stunde des Mittagsschlafs nach hinten verschob.

Die Sexta (zwölf Uhr) ist eines der vier Stundengebete am Tag. Daneben gibt es die Prima (sechs Uhr), die Tertia (neun Uhr) und die Nona (fünfzehn Uhr). Tertullian begründet diese täglichen Andachten folgendermaßen: »Zum ersten Male wurde der Heilige Geist auf die versammelten Jünger ausgegossen um die dritte Stunde. An dem Tag, als Petrus durch jenes Gefäß die Vision von der Gemeinsamkeit hatte, war er um die sechste Stunde in das obere Stockwerk hinaufgestiegen, um zu beten. Derselbe ging mit Johannes um die neunte Stunde nach dem Tempel, wo er dem Gelähmten seine Gesundheit wiedergab.« Die Zeit beginnt in der christlichen Liturgie mit dem Abend. In der

Genesis heißt es entsprechend: »Da ward aus Abend und Morgen der erste Tag.« (1. Moses, 5) Deswegen wird am Morgen die Geburt des Tages gefeiert. Die *Frühmette* läutet um Mitternacht, gefolgt von den *Laudes* um drei Uhr morgens. Um sechs Uhr kündigt dann die *Prima* die Messe und den Beginn des Tages an. Dieser ist wiederum – mehr oder weniger unabhängig von der Region und der Jahreszeit – in zwölf Stunden eingeteilt von Sonnenauf- bis Sonnenuntergang. *Prima, Tertia, Sexta, Nona* und *Vesper* richten sich an alle Christen, auf dem Land und in der Stadt, während *Mette, Laudes* und *Komplet* nur die klösterliche Welt betreffen.

Eine Regel des Heiligen Benedikt aus dem 6. Jahrhundert schreibt den Mönchen die Siesta nach dem Mittagessen vor, insbesondere von Ostern bis Oktober. Überhaupt ist er um den Schlaf seiner Mönche besorgt, die zwischen sechs und acht Stunden am Stück ruhen sollten. So streng das Leben im Kloster auch geregelt war, gestand es den Mönchen doch einige freie Momente zu, kostbar und geordnet wie die Perlen im Rosenkranz.

Nach Auffassung des amerikanischen Historikers Lewis Mumford war die wichtigste technische Erfindung für den Beginn der Moderne und des industriellen Zeitalters nicht die Dampfmaschine, sondern die Uhr, denn sie ermöglichte dem Kapitalismus eine eigene Zeitrechnung. In den wichtigen Städten des Christentums trat die mechanische Uhr während des 13. und 14. Jahrhunderts die Nachfolge der Wasseruhr, der Klepsydra an (lat. *clepsydra*, griech. *klepsudra*, Wasserdiebin). Diese erste mechanische Uhr hatte zwar weder einen Rahmen noch Zeiger, aber eine Glocke, die jede Stunde schlug. Diese Maßeinheit der vergehenden Zeit disziplinierte und dominierte allmählich den menschlichen Rhythmus und regelte die Stunden der Arbeit. Um das Jahr 1345 setzte sich in den herrschenden städtischen Klassen die Unterteilung einer Stunde in sechzig Minuten und einer Minute in sechzig Sekunden durch und löste damit die individuelle Zeit jedes Einzelnen ab. Diese war durch den Herzschlag, das Atmen, die Handlungen und so weiter bestimmt gewesen und wurde nun durch eine homogene und abstrakte Zeit ersetzt, die für alle gelten sollte. »Wenn man den Tag als eine abstrakte, verwertbare Zeitspanne betrachtet«, führt Lewis Mumford weiter aus, »dann wird man sich an Winterabenden nicht schon mit den Hühnern schlafen legen; man erfindet die Kerzen, den Kamin, die Gasbeleuchtung, die Glühbirnen, um von allen Stunden des Tages profitieren zu können. Betrachtet man die Zeit nicht als eine Aneinanderreihung individueller Erfahrungen, sondern als eine Sammlung von Stunden, Minuten, Sekunden, steigt sie im Wert und wird gespart.« Indem er sich von den »natürlichen« Zyklen wie Tag und Nacht, den Jahreszeiten, den Lebensabschnitten und Ähnlichem befreite, unterwarf sich der Städter dem Zwang der Zeit, wie sie unerbittlich durch den Automaten festgelegt wurde. Im Lauf der Jahrhunderte miniaturisierte sich die – keineswegs unfehlbare – Uhr: Hing sie zunächst oben am Glocken- oder Wachturm, wurde sie nun zur häuslichen Pendeluhr und schließlich zur individuellen, immer weiter perfektionierten Taschen- und Armbanduhr. Sich eine Uhr anzuschaffen bedeutete nicht nur, sich mit einem sozialen Unterscheidungsmerkmal zu schmücken, sondern auch in einen bleibenden Wert zu investieren, den man im Notfall wieder veräußern konnte, etwa bei einem Pfandleiher.

Während sich zuerst nur betuchte Bürger Uhren leisten konnten, »demokratisierte« sich der handliche Zeitmesser im industriellen Europa zum Ende des 18. Jahrhunderts hin soweit, dass William Pitt in England beschloss, ihn zu besteuern. Diese sehr unpopuläre Entscheidung rief vor allem Wut, aber auch Galgenhumor hervor, wie das folgende Lied aus dem *Morning Chronicle* vom 18. Dezember 1797 zeigt:

Wenn er Ihr Geld nimmt – bleiben Ihnen immerhin noch Ihre Unterhosen
Und Ihre Hemdzipfel, wenn er sich Ihrer Unterhosen bemächtigt
Und Ihre Haut, wenn die Hemden ebenfalls dahingehen
Und Ihre Füße, wenn er Ihre Schuhe nimmt.
Wer wird sich da schon über Steuern aufregen – *Wir haben schließlich die holländische Flotte besiegt!*

Daraufhin schlug der Minister einige Änderungen vor, etwa nur den Besitz einer zweiten Uhr im Haushalt zu besteuern. Diese Steuerinitiative hielt sich nur wenige Monate, die Uhr aber setzte sich als ein unentbehrliches Gut für jedermann durch. Selbst die Ärmsten bemühten sich, eine zu erwerben – notfalls auf Kredit, dank der sogenannten Uhrenclubs. Der britische Historiker E. P. Thompson erzählt folgende Anekdote: »Diese Uhr, sagte ein

Rast der Heiligen Familie auf der Flucht nach Ägypten (um 1626)
Orazio Lomi Gentileschi

Londoner Schriftsetzer in den 1820er Jahren, hat mich nur einen Fünfer gekostet, als ich sie das erste Mal kaufte. Ich habe sie mehr als zwanzig Mal zum Pfandleiher gebracht und insgesamt mehr als vierzig Pfund daraus gemacht. Eine gute Uhr. Ein wahrer Schutzengel, wenn man knapp bei Kasse ist.«

Aber eine Uhr stellt nur deshalb einen Wert dar, weil die mechanische Zeit, die der Maschine, die unserer Moderne, das gesamte soziale Leben organisiert und den Einzelnen in ihr Korsett zwingt. Die industrielle Disziplin verlässt die Grenzen der Fabrik und greift mehr und mehr in die Zeitgestaltung des Einzelnen ein. Das Unvorhergesehene, das Ungeplante, die Überraschung sind abgeschafft. »Eine Stunde ist eine Stunde« – heißt es nun so unumstößlich wie ein Befehl, wehe dem, der sich ihm entzieht! Nur Schüler kommen noch davon, wenn sie schwänzen, aber wie lange geht das noch?

Der Mediävist Jacques Le Goff erklärt, wie die Kirche, die der gesamten mittelalterlichen Gesellschaft ihre liturgische Zeit aufgezwungen hat, indem sie das Leben durch den Klang ihrer Glocken rhythmisierte (der Glockenturm ist eine Erfindung des 6./7. Jahrhunderts), vom 13. Jahrhundert an Konkurrenz bekam von den Händlern mit ihrer weltlichen Zeit, der Zeit bezahlter Arbeit, ihrer urbanen Zeit schlechthin. Er verweist auf einen seiner Meinung nach nicht ausreichend erforschten Umstand, auf »die bedeutsame Verschiebung der Nona, wie man im hohen Mittelalter die Zeit der Ruhepause und der Mahlzeit um etwa 14 Uhr herum nannte, auf den Mittag. Dadurch entstand im 14. Jahrhundert im Zuge der Stadtentwicklung eine neue konkrete Zeitmaßeinheit: der halbe Tag«. Bei all diesen Verschiebungen, dieser regelmäßigen Einteilung und dem scheinbaren Konflikt zwischen der Liturgie und dem Kommerz existierten die verschiedenen Zeiten – die Zeit der Reisen, die der handwerklichen Produktion und so weiter – eher nebeneinander als gegeneinander. Die Wirklichkeit ist unglaublich komplex, abwechslungsreich und vielfältig, nicht nur innerhalb eines Kontinents, wo Tage unterschiedliche Längen haben können, sondern selbst innerhalb einer Region oder nur eines Stadtviertels! Wenn auch zugegebenermaßen immer seltener, so ist es doch auch heute noch möglich, gleichzeitig die Glocken einer christlichen Kirche zu hören, den Ruf des Muezzin zum Gebet vom Minarett einer Moschee herab, die Probesirene der Feuerwehr am Samstag – kurzum: den lautlichen Ausdruck verschiedener Zeitordnungen, ob religiös oder nicht, die gemeinsam denselben Raum erfüllen.

Mumford, Le Goff und Thompson, um nur diese drei Historiker zu nennen, betonen immer wieder, dass im Schoße ein und derselben Gesellschaft mit der Industrialisierung und der Einführung der Lohnarbeit heterogene Prozesse rationaler Organisation der produktiven Zeit stattfinden. Auch ländliche Gegenden blieben nicht unberührt von der säkularisierten Zeit der Händler und Manufakturbesitzer mit ihrer Heim- und Akkordarbeit. Jeder lebt in verschiedenen Zeiten zugleich: in der Zeit der Stadt, der Zeit der Arbeit (in der Fabrik wie auf dem Feld), der Religion und des Glaubens, der Zeit der Gemeinschaft (der Familie, des Dorfes, des Viertels etc.). »Von 1700 an«, notiert

E. P. Thompson, »entdecken wir die uns bekannte Landschaft des industriellen Kapitalismus, diszipliniert durch Anwesenheitslisten, Zeitnehmer, Stechuhr und Geldbußen.« Es gibt bereits »Spitzel-Uhren«, die faule oder verspätete Arbeiter verpetzen. Das Gleichschalten vollzog sich auf dem Lande zwar behutsamer, aber genauso unerbittlich wie in der Stadt. Die Landarbeiter, die Tagelöhner, ein Begriff, der eine Definition des Arbeitstages voraussetzt, arbeiten vereinzelt auf den Feldern, und ihre Aktivitäten sind weniger leicht zeitlich zu fassen. Das erschwert natürlich zunächst die Kontrolle. Doch die Mechanisierung der Landarbeit wird auch in diesem Bereich eine geordnete Arbeitszeit und Rentabilitäts- und Produktivitätsnormen möglich machen. Der vormals gemütlich dahinspazierende, ein Schläfchen haltende, träumende und selbstverständlich auch arbeitende Bauer wird von da an seinen Tag nicht mehr nach eigenem Gutdünken einrichten können. Auch er wird einer von außen diktierten Disziplin gehorchen müssen, einer Disziplin, die seiner Lebensweise völlig fremd ist. Lange konnte die Feldarbeit dem Ticktack der Uhren entkommen und erlaubte es dem Bauern, seine eigene Zeit der Natur anzupassen. Ohne mit der gesamten Analyse zur Technik von Jean Giono in seinem bemerkenswerten Buch *Poids du Ciel* übereinzustimmen, möchte ich doch folgende Äußerung wiederholen, obwohl einige der verwendeten Begriffe ein wenig präzisiert werden müssten: »Die natürliche Verwendung des Lebens ist leben. Leben bedeutet, die natürliche Freude suchen. Freude ist weder ein soziales noch ein technisches Produkt. Sie ist ein individuelles Produkt, das derjenige, der von Natur reich beschenkt wurde, eher als ein anderer erzeugt und bewahrt, solange seine Materie den Raum und die Zeit ausfüllt, die einem Menschen zusteht. Der Mensch lebt in Freiräumen.« Die Siesta ist sicherlich ein solcher Freiraum, sie stellt eine entsprechende Qualität dar, ist eine Freiheit, eine Möglichkeit. Dieser Knick in der geraden Linie der Lohnarbeit ist ein Innehalten. Eine Ausflucht. Ein Zubrot. Die Siesta ist ein Zubrot der expliziten, obligatorischen, gewohnten und mechanischen Tätigkeiten.

Die Selbstbestimmtheit, die sich jeder in seiner Arbeit zu bewahren wünscht, hängt zu einem großen Teil von der Möglichkeit ab, selbst über seine Zeit zu verfügen. Notwendigerweise müssen Sie über die Verwendung Ihrer Arbeitszeit Rechenschaft ablegen. Ihrem Arbeitgeber geht es darum, dass Sie so produktiv wie möglich sind, dass jeder Leerlauf vermieden wird – die organisatorische Meisterleistung des Ingenieurs Taylor, mit der er jede ungenutzte Zeitspanne verhinderte, jede Unterbrechung im Arbeitsgang, die ihm wie ein Appell zum Müßiggang erschien, ist hinreichend bekannt. Doch der Angestellte versucht mit allen Mitteln hier und da ein paar Brocken von der Zeit aufzuklauben, die er verkauft, die er verschleudert, die er verliert – für eine nicht immer lohnende Arbeit.

Mit dem Aufkommen der ersten Arbeitspläne formierten sich auch die ersten Streiks und wurden die ersten Forderungen einer angemesseneren Arbeitszeit erhoben. Die soziologischen Publikationen und die Zeugnisse über die Akkordarbeit sowie allgemeiner über die von Taylor ins Leben gerufene und seitdem fortentwickelte »wissenschaftliche Organisation der Arbeit« sind unglaublich zahlreich und lassen sich doch, o wie symbolisch, mit einem Bild aus Charlie Chaplins *Moderne Zeiten* zusammenfassen: Der Arbeiter ist ein Rädchen geworden im Getriebe, dem er völlig untergeordnet ist. Das Räderwerk in *Moderne Zeiten* erinnert bezeichnenderweise an den Mechanismus einer Uhr: Das industrielle Zeitalter nährt sich von der individuellen Zeit, mit der die Stechuhren gefüttert werden. Zahlreich sind die Revolten gegen diesen Diebstahl – angefangen mit einem der ersten »modernen« Streiks im Florenz des 14. Jahrhunderts über die Proteste in mittelalterlichen Tuchmacherstädten gegen die sogenannten Werkglocken, welche die Arbeitszeit weit ausdehnten, bis zu Revolten in unseren Tagen. Auch die Achtundsechzigerbewegung prangerte in Filmen, Romanen und mit Slogans die Vereinnahmung der Zeit durch Profitdenken an und war geprägt durch die gemeinschaftlichen Versuche, *anders* zu arbeiten, um seine Zeit *anders* gestalten zu können. Aber unsere Lebensweise ist dermaßen stark von dieser Arbeitszeitkultur durchdrungen, dass es ungehörig erscheint, sich für eine Siesta daraus zurückzuziehen! Die zahlreichen Vorschläge zur Umgestaltung und zur Reduzierung der Arbeitszeit lassen bei Politikern, Unternehmern und selbst bei manchen Gewerkschaftern und Arbeitnehmern nach wie vor die Alarmglocken läuten. Das kapitalistische Produktionssystem stellt heute mithilfe der neuen Technologien die Lohnarbeit in ihrer bisherigen Form infrage und versucht, diese durch sogenannte flexible Arbeitszeiten zu ersetzen – das heißt durch Arbeitszeiten, die dem Rhythmus der

Produktion und ihres Konsums angepasst sind. Die heutigen Dienstleistungszeiten weichen immer mehr von denen der fordistischen Epoche ab. Sie passen sich den Konsumenten an, die ihrerseits selbst nach veränderten Zeitplänen leben. Daher die verlängerten Ladenöffnungszeiten unter der Woche und selbst an Sonntagen. Dennoch bleibt die Angleichung der beherrschten Zeit an die persönliche Zeit nicht systemkonform und damit unvorstellbar. Einmal mehr hinkt die Theorie der Praxis – um eine Siesta! – hinterher und bleibt hinter den in den meisten postindustriellen Ländern längst begonnenen Veränderungen zurück.

André Gorz hat diese Veränderungen in seinem Essay *Arbeit zwischen Misere und Utopie* in bemerkenswerter Weise dargestellt. Er führt aus, dass wir heute nicht etwa eine Krise der Arbeit erleben, was eine kaum sinnvolle These wäre, da Arbeit konstitutiver Teil unseres Daseins ist und es an Arbeit an sich – verstanden als ein Handeln, ein Tun – nicht fehlt. Vielmehr handelt es sich um eine tief greifende und sicher irreversible Transformation der Lohnarbeit. Es ist das Modell der lebenslangen Vollzeitbeschäftigung, das durch die Modifikation der Produktionsbedingungen ins Wanken gerät. Das Kapital als Produktionsfaktor engagiert und amortisiert sich nicht mehr in dem Maße wie in der Epoche des blühenden industriellen Kapitalismus. Tatsächlich kann auch die Arbeit als Produktionsfaktor in einem dermaßen veränderten Kontext nicht mehr dieselbe Funktion erfüllen. Die Auswirkungen – auch die verhängnisvollen Folgen – der neuen Technologien gehen über die Argumentation liberaler Wirtschaftspolitik hinaus, entziehen sich ihr und überziehen das Kulturelle, die regionalen

Traditionen, das Informelle, wie eine Welle den Strand. In anderen Worten: Die mit der Verbreitung der Informations- und Kommunikationstechnologie verbundene Wirtschaft geht nicht mehr in den von den Wirtschaftswissenschaften gegebenen Erklärungen auf, sondern findet gewisse Erklärungsmomente im Nicht-Ökonomischen.

Hier trifft André Gorz auf Gemeinsamkeiten mit Ivan Illich, der sich darum bemühte, das Konzept des »Un-Wertes« populär zu machen. Mit diesem Begriff bezeichnete er, was sich dem ökonomischen Kalkül entzieht, aber wesentlich für das Leben ist. Wenn nun Ivan Illich ein den Wörterbüchern unbekanntes Wort gebraucht, so geschieht dies nicht nur, um einen Mangel auszugleichen, sondern auch um mit einer Denkweise zu brechen. Er schreibt: »Das Konzept des Un-Wertes verspricht, die zwischen dem sozialen und dem physischen Verfall bestehenden Gemeinsamkeiten und Widersprüche zu zeigen. Während die physische Arbeit dazu neigt, die Entropie zu steigern, beruht die ökonomische Produktivität der Arbeit auf der vorangehenden Entwertung der traditionellen Aktivitäten im Schoße einer Kultur. Abgang und Verfall werden dabei gewöhnlich als Sekundäreffekt der Produktion von Werten betrachtet. Ich bin hier genau umgekehrter Meinung. Ich unterstütze die These, dass ökonomischer Wert sich nur aufgrund der vorangehenden Verwüstung von Kultur – die auch als eine Schaffung von Un-Wert betrachtet werden kann – anhäuft.«

Um uns von der Logik der Ökonomie und dem arroganten Diskurs ihrer Lobredner zu befreien, der kaum im Stande ist zu erklären, was die generelle Verbreitung der neuen Technologien in allen Gesellschaften dieser Erde bewirkt, trifft Ivan Illich die Vorsichtsmaßnahme, seine Reflexion über den »Un-Wert« mit einer Analyse der »Kommunalien« und einer Besprechung der »Segnungen« zu begleiten. »Die Kommunalien«, führt er aus, »sind jene Bereiche der Umwelt, für die das Gewohnheitsrecht bestimmte Formen gemeinschaftlichen Respekts durchgesetzt hat.«

Ein Beispiel für die Kommunalien unserer Epoche? Die Stille. Ja, die Stille könnte uns von einer Maschine genommen werden, die in der Lage ist, sie zu imitieren, ihre Erscheinung zu verbessern, die wirkliche Stille durch einen Ersatz zu töten; auf dieselbe Art und Weise, wie eine Maschine die Stimme ihres Besitzers übernehmen kann, sie aufnehmen, aussenden, vervielfältigen kann, auf dieselbe Art und Weise, wie eine Maschine etwas speichern kann, das wir nicht vergessen wollen. Ich möchte ein weiteres Beispiel hinzufügen: den Mittagsschlaf. Hier haben wir ein winziges Stück Lebensart – unbedeutend, banal, alltäglich und gewöhnlich –, das Gefahr läuft, institutionalisiert, vorgeschrieben, vergütet, ärztlich verordnet, versteuert, gelehrt und professionalisiert zu werden! Was die »Segnungen« angeht – sie gehören zum Register des Kulturellen und werden durch das Ökonomische verschleiert, das sie in ihrem Wert herabsetzt, um sich ihrer besser entledigen zu können. Ein Beispiel? Illich führt das einer japanischen Familie an, die sich von der Großmutter trennt und sie in ein Heim gibt, wo sie medizinisch versorgt wird. Die Familie verliert damit unwiederbringlich einige Segnungen,

Das Schlaraffenland (um 1567)
Pieter Brueghel der Ältere

die »von unbändigem Lachen bis zu bitteren Tränen« reichen. Ich möchte noch hinzufügen: Der Mittagsschlaf an sich ist zwar ein »Un-Wert«, doch das Wohlempfinden, das er gestattet, die Erholung, die er verschafft, die Träume, die er wie ein Überraschungsgeschenk empfängt, gehören zu den Segnungen. Eine Zeit für nichts? Aber dieses »Nichts« ist wahrlich ein Segen! Und eine solche Zeit hat sehr wohl einen Wert, aber eben keinen Preis, genau wie die Kunst gemäß Jean Duvignaud. Der Mittagsschlaf ist eine Inbesitznahme der eigenen Zeit, die sich dem Controlling entzieht. Die Siesta ist emanzipatorisch.

V

Eine Zeit für sich selbst

Mein Großvater mütterlicherseits hielt fröhlich Mittagsschlaf. Er hatte dabei jedoch weder etwas von einem Sonderling noch von einem Mönch: Er organisierte seine Zeit, indem er sie genoss und vielleicht besser als wir ihre Dichte ermaß. Und er war nicht der Einzige: Die Lektüre der Tagebücher von André Gide und von Thomas Mann zeugen von der Wichtigkeit des Mittagsschlafs für diese Männer, die im 19. Jahrhundert geboren waren. Gleiches scheint auch für zahlreiche Figuren zu gelten, die die Romane von Jorge Amado, Yaşar Kemal, Tewfik El Hakim, Miguel Asturias und Rabindranath Tagore bevölkern. Der Mittagsschlaf ist ein entscheidender Moment, um sich zu sammeln, nachzudenken, zu träumen, zu genießen – oder zu schlafen. Heilsamer Mittagsschlaf. Eine Ruhepause, die Entspannung bringt. Man hat sie oft mit klimatischen Gründen gerechtfertigt: Die Mittagshitze zwinge zur Passivität, treibe die Männer ins Café, um Domino zu spielen, einen Tee zu schlürfen und eine Wasserpfeife zu rauchen; oder dazu, sich im Schatten eines großen Baumes oder in der Kühle eines abgedunkelten Zimmers auszustrecken. Aber in Wirklichkeit handelt es sich vielmehr um eine beinahe universelle Lebensart, die allen Gesellschaften gemeinsam ist, in denen die kapitalistische Ökonomie mit ihrer Rationalität (»Time is Money!«) noch nicht in jeden Winkel des Alltags vorgedrungen ist, ganz egal mit welcher Kraft nun die Sonne scheinen mag. Tolstoi gibt sich mitten im russischen Winter mit Genuss dem Ritual der Siesta hin. Die Lektüre einer ohnehin niemals vollständigen Liste der Schriftsteller, die mehr oder weniger ausgiebig die Siesta erwähnen, wäre ermüdend. Doch man kann nur staunen, wie häufig das Wort »Mittagsschlaf« in Romanen, Tagebüchern, Briefsammlungen und Ähnlichem vorkommt. Wie viele Helden und Heldinnen dösen nach dem Mittagessen für einige Augenblicke? Wie viele Romanciers organisieren ihr Schreiben um diesen wichtigen Scheitelpunkt des Arbeitstages herum? Die Parole lautet: Die Siesta, die du heute kannst besorgen, die verschiebe nicht auf morgen.

Die lange Geschichte des Mittagsschlafs und seiner Ausübung in zahlreichen nicht gänzlich modernisierten Gesellschaften könnte glauben machen, dass es sich hier um eine Gewohnheit handelte, die mit den letzten Zeugen dörflicher Tradition ausstürbe. Doch die Siesta ist genauso ein städtisches Phänomen, und in einer Welt, die sich mit großen Schritten urbanisiert, stellt sich die Frage nach der Zeit, die der Mittagsschlaf für sich behaupten wird. Und noch eine weitergehende Frage drängt sich auf: Wie und wodurch verändert die Urbanisierung der Sitten und Bräuche die Rhythmen des täglichen Lebens? Der Städter lebt in mehreren Zeitsystemen zugleich: dem der Verwaltung und des öffentlichen Dienstes mit ihren Öffnungszeiten; dem seines Arbeitsplatzes; dem der Schule mit ihrem wöchentlichen Stundenplan und ihrem Ferienkalender; dem der Veränderungen in seiner bebauten und nicht bebauten Umwelt; und schließlich in dem seiner eigenen Lebenszeit voller Erwartungen, Hoffnungen, Enttäuschungen, Auszeiten und Ähnlichem.

Die moderne Stadt, hervorgebracht von der Industrie und den mechanischen Transportmitteln, ist ein permanenter Strudel, der für Beziehungen, Austausch und Begegnungen sorgt. Baudelaire berauschte sich an diesen ununterbrochenen Strömen von Menschen und Dingen in der Stadt – und wurde ihrer überdrüssig. Sie ist eine komplexe *Maschine,* die dem Leerlauf misstraut. Mehr noch als im Raum hinterlässt das moderne Stadtleben seine Spuren in der Zeit: Regelmäßigkeit, Pünktlichkeit, kalkulierte Flexibilität, Wiederholung, Zyklus etc. Die Alltagszeit ist modelliert durch die Anforderungen der zahlreichen urbanen Tätigkeiten. So hat beispielsweise die Eisenbahn ihren Fahrplan Stück für Stück auch anderen Aktivitäten jenseits des Transportes und des Verkehrs aufgedrängt. Die Bahnhofsuhr zieht alle Blicke auf sich und dient als Bezugspunkt. Die Vereinheitlichung der Zeiten sowohl zwischen den einzelnen Städten eines Landes (ab dem Jahr 1891 galt die Zeit von Paris für ganz Frankreich) als auch zwischen den Bahnhöfen verschiedener Länder wurde notwendig für den reibungslosen Transport von Menschen und Waren. Nicht ohne Schwierigkeiten und erst nach einigem Hin und Her erhoben die europäischen und amerikanischen Eisenbahngesellschaften im Jahr 1882 den Meridian von Greenwich zur gemeinsamen Referenz und glichen ihre Zeiten an.

Ständig durch verschiedene Zeitlichkeiten beansprucht, verliert der Städter die Kontrolle über seine eigene biologische und gelebte Zeit. Er akzeptiert – wie sollte er sich auch widersetzen? –, seine Zeit gemäß den Rhythmen der Gesellschaft und besonders denen der Wirtschaft (Börse, Märkte, Unternehmen,

Venus, Mars und Amor (um 1505)
Piero di Cosimo

Produktionsketten etc.) zu regeln. Das frappierendste Beispiel dieses Sieges der ökonomischen über die biologische Zeit aller Menschen ist das System der Schichtarbeit: das Walzwerk, der Hochofen, die Montagebänder triumphieren über den »Ur-Rhythmus« eines jeden Einzelnen. Die enorme Flut der Literatur, die sich seit den 1930er Jahren den Rhythmen gewidmet hat – ich denke da an Arbeiten von Medizinern über die Rhythmen des menschlichen Körpers und jedes seiner Organe, über die Rhythmen des Sexuallebens und des Schlafs und an die Arbeiten zur Chronobiologie –, schätzt die Diversität der urbanen Zeiten falsch ein. André Missenard zum Beispiel beunruhigt in *À la recherche du temps et du rythme* der Gedanke an das wahrscheinliche Auftauchen eines ganz neuen Typus von Städter durch die übermäßige Stimulation und die ständigen Sinnesreizungen im pulsierenden Leben der Stadt. Es geht immer wieder um die Feststellung, dass in der modernen Stadt verschiedenste Geschwindigkeiten aufeinanderprallen: In ihr strömen die Massen über die Gehwege und Boulevards, finden unvorhergesehene Umwälzungen statt und werden die Sinne überreizt. Eine Störung der Nerven könnte die Folge sein, was Ängste nach sich zöge – der amerikanische Arzt George M. Beard nannte dies 1881 in seinem Buch *American Nervousness* »Neurasthenie«.

Der Druck, den das urbane Leben auf jeden von uns ausübt, äußert sich in Stress – ein englisches Wort, das eine Überbeanspruchung bezeichnet und vom altfranzösischen *destrece,* später dann *détresse,* abgeleitet ist, was so viel wie Verzweiflung, Bedrängnis, Not bedeutet. Der Mittagsschlaf ist ein exzellentes Gegenmittel gegen diese anonyme und für unser physisches und mentales Gleichgewicht zerstörerische Aggression.

In *Les rythmes dans la vie spirituelle* präzisierte Gustave Thibon 1947 seine Gedanken zum Rhythmus, nachdem er gerade das Desinteresse der Philosophie an diesem Thema bedauert hatte … »Es ist hier wichtig, den Rhythmus, der ein lebendiges Phänomen ist, nicht mit seinen mechanischen Imitationen zu verwechseln. (…) Mechanische Abfolgen führen zu Identischem, während lebendige Abfolgen zu Ähnlichem führen. Der Takt wiederholt, der Rhythmus erneuert. Natürliche Zyklen lassen immer Raum für das Unvorhersehbare. Und dieser Raum vergrößert sich, je höher man in der Hierarchie der Erscheinungen steigt. Man kann die Bewegung der Gestirne präzise berechnen, während die biologischen, psychologischen und historischen Zyklen niemals exakt rekonstruierbar sind und bei jeder Veränderung ein völlig neues Element beinhalten.« Auch der Schlaf in der Nacht und am Tage – also die Siesta – entziehen sich einer solchen Vorhersagbarkeit und hängen von zahlreichen, nicht immer benennbaren Faktoren ab.

Aber Gustave Thibon ist ein wenig streng mit der Philosophie. Tatsächlich haben sich etwa Jean-Marie Guyau, später Henri Bergson, Gaston Bachelard und Vladimir Jankélévitch vor dem Zweiten Weltkrieg über den Umweg der Fragen nach Zeit und Dauer durchaus für den Rhythmus interessiert, während sich in Deutschland der unorthodoxe Philosoph Georg Simmel in seinen Studien über das Individuum in der Großstadt sogar ganz explizit mit den urbanen Rhythmen beschäftigt hat. Dazu beschreibt er »die Steigerung des Nervenlebens« des Städters und erklärt: »Indem die Großstadt gerade diese psychologischen Bedingungen schafft – mit jedem Gang über die Straße, mit dem Tempo und den Mannigfaltigkeiten des wirtschaftlichen Lebens –, stiftet sie schon in den sinnlichen Fundamenten des Seelenlebens, in dem Bewusstseinsquantum, das sie uns wegen unserer Organisation als Unterschiedswesen abfordert, einen tiefen Gegensatz gegen die Kleinstadt und das Landleben, mit dem langsameren gewohnteren, gleichmäßiger fließenden Rhythmus ihres sinnlich-geistigen Lebensbildes.« Denkt er hier an die Siesta, die von den Dorfbewohnern ganz selbstverständlich praktiziert wird und die sich in der Stadt verliert? Die Arbeit seines Freundes Gaston Roupnel kommentierend, zieht Gaston Bachelard in seinem weniger anthropologischen denn philosophischen Essay *L'intuition de l'instant* den Augenblick der Dauer vor, das Zufällige der Wiederholung, dem Ständigen und dem Messbaren. Für ihn ist die Dauer unabänderlich heterogen, sie ist, wie er so schön sagt, ein Augenblicks-Staub. Wenn ich Bachelard lese, so ist für mich die Siesta dieser niemals identische Augenblick, der meinen Alltag formt, eine Gewohnheit im Sinne »einer immer wieder neu vollzogenen Handlung«. Die Zeit – verstanden als eine unvollendete und pausenlos neu begonnene Schöpfung unseres Seins – besteht gerade in und durch ihre ständige Veränderung fort. Durch den Zufall des Augenblicks ist sie unvorhersehbar und dennoch stets gegenwärtig.

Inspiriert durch *La Rythmanalyse* von Lucio Alberto Pinheiro dos Santos, ersann Gaston Bachelard eine rhythmusanalytische

Die Kirmes (um 1635)
Peter Paul Rubens

Methode, um die unendlichen chronologischen Möglichkeiten des Menschen besser einkreisen zu können. Das menschliche Leben resultiert aus einer nicht immer geordnet erscheinenden Abfolge von Erfahrungen. In *La Dialectique de la durée* schreibt er: »Indem er eine Form erzeugt, erzeugt der Rhythmus oftmals eine Materie, eine Energie. Die sich im Raum erstreckende Materie ist der Zeit gegenüber gleichgültig. Sie besteht nicht völlig konstant, völlig unverändert über eine gleichförmige Dauer hinweg. Sie *existiert* im eigentlichen Wortsinn auf der Ebene des Rhythmus.« Eine solche *Existenz* besteht in einer Dialektik aus Spannung und Entspannung, im Wechsel von lebhaften und ruhigen Perioden, von Antrieb und Ruhepause. Im Sinne Bachelards kann die Ruhepause »beben« und die Aktivität »passiv sein«, aber jede »Erfahrung« ist einzigartig und ihre Wiederholung nur scheinbar möglich, da sie notwendigerweise das Ende von etwas markiert. Was bleibt, wenn auch nicht immer wahrnehmbar, ist das Erbe unserer Kindheit. Es schlummert vor sich hin und manifestiert sich ohne Vorwarnung. Weil unser Sein ein Mysterium ist, das sich uns nur manchmal ganz unvorhergesehen offenbart, muss die Untersuchung unserer Rhythmen mithilfe einer analytischen oder gar selbstanalytischen Methode erfolgen. In seinem *Lautréamont* erklärt Bachelard: »Die Rhythmusanalyse sucht systematischer als die Psychoanalyse nach der dualistischen Motivation unserer geistigen Aktivität. Sie trifft ebenfalls die Unterscheidung von unbewusster Neigung und bewusster Anstrengung, aber sie tariert das Gleichgewicht der gegenpoligen Tendenzen, die doppelte Bewegung der Psyche besser aus, als die

Psychoanalyse es vermag.« So kann die Vorstellungskraft das Paradox einer Bewegung, die vorgibt, gerade ihr Gegenteil zu sein, oder einer Starrheit, die sich in Bewegung setzt, auflösen. Dies findet Bachelard in der Poesie von Mallarmé: »Es ist nicht selbstverständlich, dass alles, was wächst, sich auch aufrichtet, und sei es der Flieder im April. Wenn man bedenkt, dass der Frühling bei Mallarmé vor allem eine Sehnsucht im lichten Winter ist, dann ist man geneigt, sich dieses Frühlings-*Wachstum* unterirdisch zu denken, als das Leben einer Wurzel. Die Zeit ist noch nicht gekommen, um aufzuragen. Man muss noch *warten,* warten in der Tiefe, besser: indem man sich vertieft.« Wie die Jahreszeiten in Mallarmés Poesie sind auch die Rhythmen, die unser Sein bestimmen, vielfältig und unterschiedlich. Mit Bezug auf die Arbeit Pinheiro dos Santos' bemerkt Gaston Bachelard in *La Dialectique de la durée:* »Das Fehlen einer aktiven, attraktiven, hervortretenden, positiv schöpferischen Sublimierung erschüttert das Gleichgewicht der psychoanalytischen Ambivalenz und bringt das Spiel der seelischen Werte durcheinander. Eine ideale Liebe nicht *realisieren* zu können, ist sicherlich ein Leiden. Eine realisierte Liebe nicht *idealisieren* zu können, ist ein anderes.« Man findet hier die außergewöhnliche Neugier und Milde eines Philosophen, der sich weigert, auch nur das Geringste aus der Schrift des Lebens zu streichen. Alles soll bewahrt bleiben. Alles hat einen Sinn, selbst der Unsinn. Alles verändert sich, die Stabilität inbegriffen.

»Die Entwicklung des Individuums«, betont er, »ist ein Gewebe aus Erfolgen und Fehlleistungen.« Die Kraft und die Evidenz solcher Formulierungen von Bachelard sind einzigartig. Ein weiteres Beispiel: »Im unpersönlichen Teil der Person muss der Philosoph nach den Zonen der Ruhe und nach den Gründen der Ruhe suchen, aus denen er ein philosophisches System der Ruhe entwickeln wird.« Oder auch dies: »Die Furche auf dem Acker ist die Zeitachse der Arbeit, und die Ruhe am Abend ist der Grenzstreit des Feldes.« Wir haben verstanden, für Bachelard »ist die Ruhepause ein glückliches Beben« – genau jenes, das ich während eines Mittagsschlafs empfinde, während dieser verdienten Ruhepause, diesem Innehalten, um weitergehen zu können, dieser Rast, die sich selbst genug ist, das heißt sich allem anderen verweigert, um diesem später wieder besser dienlich zu sein. Im Mittagsschlaf vereint sich ein ungewisses Danach mit einem wahrscheinlichen Davor. Er ist das, was Bachelard als »Ereignis« bezeichnet und andere einen »Augenblick« nennen, im Sinne von: »Kein Augenblick ist zu verlieren, um sich zu verlieren und wiedergeboren zu werden. Neu.«

In den 1970er und 1980er Jahren knüpfte der Alltagssoziologe Henri Lefebvre an den bachelardschen Ansatz an und forderte seinerseits eine Untersuchung der Temporalität, dieser unzähligen Fäden, aus denen der Mensch seine Existenz webt. Sein Werk *Éléments de rythmanalyse* kommt wie eine Einführung in das Verständnis der Rhythmen daher und schlägt vor, die Triade »Zeit-Raum-Energie« durch »Melodie-Harmonie-Rhythmus« zu vervollständigen, wissend, dass überall, wo Interaktion zwischen einem Ort, einer Zeit und einem Energieaufwand stattfindet, auch Rhythmus ist. Seine Untersuchung der Rhythmen und ihrer intellektuellen Implikationen für uns geht über den simplen phänomenologischen Ansatz, über die bloßen Erscheinungen hinaus. Das *Präsens* einer Sache oder eines Seins soll erfasst und in *Präsenz* verwandelt werden. Hinter dieser Aufmerksamkeit für die Präsenz stehen zweifelsohne existentialistische Überzeugungen, die Henri Lefebvre zu dynamisieren und zu poetisieren versucht. Das moderne Leben hört nicht auf zu abzulösen, zu trennen, zu unterteilen, zu parzellieren, zu zerkrümeln – die Menschen genauso wie ihre Handlungen und die Güter, die sie nutzen, sei es die Arbeit, der Raum, die Zeit oder die zahlreichen Beschäftigungen, die in ihr stattfinden. Der Alltag umfasst die Gesamtheit der täglichen Handlungen und Gesten. Das Wichtige ist hier die *Gesamtheit,* das heißt die Verkettung und ihre Zusammenhänge, mehr oder weniger beabsichtigt, mehr oder weniger geordnet. Diese Verkettung wird manchmal als bedrückend empfunden, einengend, gleich einem Angekettet-Sein. In der Nachfolge der Pionierarbeiten Lefebvres und in den Fußstapfen von Joffre Dumazedier und seinen Studien zur Freizeit haben Soziologen das Thema der alltäglichen Zeit in Angriff genommen. Sie haben den Alltag nach Altersklassen, Geschlecht, »sozio-professionellen« Kategorien etc. differenziert. Auf diese Weise ist es ihnen gelungen, vergleichende Schemata zu erstellen und das individuelle Zeit-Budget verschiedenen Nutzungen (zum Beispiel Transport, Ausbildung, Konsum, Freizeit, Arbeit) zuzuordnen.

Schon die Griechen hatten die bioperiodischen Prozesse entdeckt, doch waren es französische und deutsche Wissenschaftler (J. J. Virey mit seiner Untersuchung der Chronopharmakologie,

1814; E. Büning mit seinen Arbeiten über die Rhythmen der Pflanzen), welche die Analyse der biologischen Rhythmen begründet haben. Alle Lebewesen (Fauna und Flora) haben mit den Menschen das Prinzip einer zeitlichen Organisation gemein. Zwar haben diese Rhythmen einen genetischen Ursprung, sie hängen aber ebenso von zahlreichen weiteren inneren und äußeren Faktoren ab. »In unserem Organismus«, schreibt Alain Reinberg, »ändern sich die Temperatur, der Arteriendruck, der Schlaf-Wach-Zyklus, die metabolisierten Substanzen, die Hormone, die Enzyme, die Schläfrigkeit, die Aufmerksamkeit, die Erinnerung und mehr als 180 Prozesse entsprechend der biologischen Rhythmen, deren Zeitspanne für die meisten Lebewesen ungefähr 24 Stunden (zirkadiane Rhythmen), für die anderen ein Jahr beträgt.« Kein Wunder also, dass jeder biologische Rhythmus anders ist. Vielfalt ist hier ein Imperativ. Das bestätigen auch die Untersuchungen von Paul Fraisse im Bereich der Chronopsychologie, der versucht, den Zusammenhang zwischen der Chronobiologie und spezifischen Rhythmen intellektueller und kognitiver Tätigkeit zu verstehen. Dieses Wissen um die Diversität der Rhythmen macht es nicht einfacher, Zeitpläne für Gruppen zu erstellen … Seit einigen Jahren wetteifern Laboratorien darum, wer den größten Einfallsreichtum bei der Entwicklung von Schulplänen, bei der Chronotherapie und der Chronokinetik eines Medikaments an den Tag legt. Und dennoch wird auch hier der Mittagsschlaf als Forschungsfeld übersehen.

Bei der wissenschaftlichen Suche nach den Rhythmen des Alltags muss man auch die Literatur und den Film berücksichtigen, die sich ebenfalls – oftmals sehr geschickt – mit den vielen kleinen Aktivitäten des Alltags beschäftigen und dabei zeigen, wie sehr das vermeintlich Banale, Repetitive und das Wertlose wahre Schätze, Freuden und Glücksmomente bergen können. So verquicken sich mit der von der Uhr vorgegebenen linearen Zeit verschiedene und nicht zwingend synchronisierte individuelle Alltagszeiten, die wiederum mit verschiedenen sozialen Zeiten gleichschwingen. Diese komplexen und undisziplinierten dialektischen Spiele verdienen es, beobachtet und wertgeschätzt zu werden.

In diesem Zusammenhang erscheint die Siesta wie eine wirklich freie Zeit, die einzig und allein dem Schläfer gehört. Es ist ein mehr oder weniger langer Moment des Zu-sich-selbst-Kommens durch die vorübergehende Abgeschiedenheit von der Welt. Dieser kurze Rückzug ermöglicht uns das Versammeln, die Wiedervereinigung, die provisorische Wiederherstellung unserer geteilten, zersplitterten, verstreuten Identität. Die Ruhe, die uns eine solche Pause verspricht und gewährt, hilft unsere Unversehrtheit wiederherzustellen. Dieses zeitliche Intermezzo erlaubt es uns, innezuhalten und uns zu orientieren – so wie der Seemann seine Position und seinen Kurs bestimmt, unabhängig davon, ob um ihn herum die Elemente entfesselt sind oder sich gerade beruhigen. Die Siesta ist hier eine Metapher, sie erhält eine andere Bedeutung und bezeichnet nicht länger nur das Einschlafen oder Schläfrigsein mitten am Tage, sondern die Fähigkeit, über die eigene Zeit zu bestimmen, sie zu bewahren, indem man sie dem Zeitdiktat der Gesellschaft entzieht. Immer seltener

Philosoph in Meditation (1632)
Rembrandt Harmensz van Rijn

arbeitet der Stadtbewohner in der Nähe seines Wohnsitzes, er kann daher in der Mittagspause nicht nach Hause zurückkehren, um sich dort auszuruhen. Aus diesem Grunde ist der typische Mittagsschläfer, der seine Zeit noch einigermaßen im Griff hat, kein Vollzeitbeschäftigter, sondern im Allgemeinen Student, Selbstständiger, Lehrer, Forscher, Künstler oder ein Rentner. Dieses Privileg macht jede Gehaltserhöhung wett, so sehr trägt es zum physischen und psychischen Wohlbefinden bei.

In den Geisteswissenschaften steht die Siesta nicht gerade hoch im Kurs. Weder die Ethnologen noch die Soziologen interessieren sich für sie. Sie glauben mir nicht? Dann werfen Sie einen Blick in die Register der entsprechenden Klassiker. Sie werden dort keinen Eintrag zu »Siesta« finden – weder bei Émile Durkheim oder Marcel Mauss noch bei Malinowski, Evans-Pritchard, Lévi-Strauss oder Margaret Mead. Dabei praktizierten die Völker, die diese Wissenschaftler erforschten, den Mittagsschlaf mehr oder weniger regelmäßig. Und eines ist sicher: Die Siesta spielte in der zeitlichen Organisation dieser sogenannten »geschichtslosen« Völker durchaus eine Rolle. Verdiente sie daher nicht etwas Aufmerksamkeit in einem Kapitel zu Körperhaltungen oder in einer Betrachtung des Alltagslebens, wenn es um das Verständnis der Altersstufen oder der Geschlechterdifferenzen geht? In gleicher Weise wie »die Stille«, »das Warten«, »die Inaktivität« oder »der Traum«? Welchen Platz nimmt die Siesta im menschlichen Leben ein – welchen aus der ganz individuellen Perspektive einer Person und welchen in der Dichte des Gewebes sozialer Beziehungen und Gemeinsamkeiten? Wir haben es am

Beispiel des Mittagsdämons gesehen: In den Mythen ist die Siesta ein Dazwischen, welches Verhaltensweisen beeinflusst. Aber auch die Mythologen – einschließlich der Spezialisten für Fantastisches – behandeln die Siesta nicht mit der Aufmerksamkeit, die sie verdient. Einige Soziologen und Psychologen erforschten die Einteilung der Alltagszeit, die Zeit ganzer sozialer Klasse (beispielsweise der Arbeiterklasse) oder einer bestimmten Gruppe (etwa der 15- bis 20-Jährigen oder der »Studenten«), ohne jemals auf die Frage des Mittagsschlafs einzugehen. Gleiches gilt für Historiker, die uns die Geschichte des Bettes erzählten, des Lakens, der Nackenrolle, des Kissenbezuges, des Schnarchens, der Nachtschwärmerei, der Schlaflosigkeit – aber kein Wort zur Siesta. Dabei könnte es so aufschlussreich sein, nachzuempfinden, was der Schlaf unseren Vorfahren bescherte! Und der Traum? Wie schliefen sie? Welche Träume hatten sie? Was hielten sie vom Mittagsschlaf? In welchem Verhältnis sahen sie Ruhepause und Aktivität, welchen Zusammenhang sahen sie zwischen der Rast und der Gesundheit ihres Körpers? – Alles wunderbare Promotionsthemen!

Ähnlich verhält es sich mit den Geografen, die Wälder, Wüsten, Flüsse kartografierten, die uns eine Geografie des Honigs oder des Reis bescherten, eine der Ehre, des Verbrechens, des Elends, der Beschneidung, der Fettleibigkeit und weiß der Himmel was sonst noch. Aber keine Geografie, keine komparative geopolitische Studie zur Siesta.

Gleiches gilt auch für die Ökonomen. Es wurde kein Kalkül im makroökonomischen Maßstab erstellt, um die Auswirkungen des Mittagsschlafs zu bestimmen, keine Gewinn- und Verlustrechnung gemacht zu diesen Stunden außerhalb der Arbeit und außerhalb der Ökonomie, die jedoch auf die Arbeit und die Wirtschaft einer Gesellschaft zurückwirken. Als ich mich mit dieser Frage an befreundete, renommierte Ökonomen wandte, vermieden diese es höflich, mein Anliegen zu belächeln, und blieben mir verlegen eine Antwort schuldig. Um mein Ersuchen seriöser erscheinen zu lassen, wies ich gerissen auf das Fehlen statistischen Materials über »die wirtschaftlichen Kosten des Ramadan« hin (obwohl Paul Balta in *L'État des religions* einen Artikel dazu verfasst hat). Aufgrund eigener Erfahrungen bin ich davon überzeugt, dass die Siesta, sei sie auch nur kurz, einen gewissen Elan wiedergibt, was ich jedoch tunlichst für mich behalte. Stellen Sie sich einen ganz schlauen Arbeitgeber vor – so was gibt's –, der Sie großzügig Ihre Arbeitszeit selbst einteilen lässt und Ihnen sogar sagt: »Mein Freund, vergessen Sie nicht, ein kleines Mittagsschläfchen zu halten. Das ist gut für die Entspannung«, wohl wissend, dass Sie hinterher produktiver sein werden als vorher. Nehmen Sie sich in Acht vor der Manipulation! Nehmen Sie sich in Acht vor heimtückischer Beschlagnahmung, perverser Entfremdung! Was? Dieser Ausbeuter reißt sich *meinen* Mittagsschlaf unter den Nagel, bezieht ihn in seine Buchführung ein, zeigt seinesgleichen die Stimmigkeit der Rechnung, verherrlicht dieselbe, gibt internationale Seminare darüber, bringt im Parlament ein Gesetzesprojekt für eine »Mittagsschlaf-Währung« ein… Kurzum: Aktiver Verfechter der Siesta, als der er sich gibt, bleibt er doch letztendlich Ihr Vorgesetzter. Also Achtung – und denken Sie dran, dass eine illegale Siesta allemal mehr Charme besitzt als ein befohlener Mittagsschlaf – den Charme des Verbotenen.

Die Urbanisierung mit ihrer neuen Geografie macht den Mittagsschlaf oftmals unmöglich. Nichtsdestotrotz gibt es – ähnlich dem kleinen Dorf von Asterix im besetzten Gallien – Inseln des Widerstands, die vor der Belagerung durch die Modernitäts-Welt und ihrem Gefolge neuer Zwänge nicht kapitulieren. In Spanien und Italien zum Beispiel ist die *Siesta* ein wahres Kulturgut, selbst wenn sie zu etwas anderem als Schlafen genutzt wird. In China wird die Siesta laut Bruno Comby »xiu-xi« genannt, und das Recht auf Siesta ist im Artikel 49 der Verfassung von 1949 explizit erwähnt. In einer Untersuchung über »Die Kunst der Siesta« (*Libération,* Sommer 1997) prangerte Francis Mizio die Verspätung Frankreichs in dieser Angelegenheit an – man habe es jenseits von Korsika mit einem beträchtlichen Siesta-Defizit zu tun. Mizio informierte auch darüber, dass es jedoch eine französische Gesellschaft war, die weltweit die erste Möglichkeit einer Cyber-Siesta im World Wide Web anbot. Diese Internetseite zeigte Landschaftsbilder begleitet von angenehmen Klängen und war bestimmt für das Nickerchen vor dem Computer. Während Nordeuropa sich versteckt, um ein Mittagsschläfchen zu halten, zelebriert Lateinamerika – und in geringerem Maße auch Afrika und Asien – offen die Freuden der Siesta.

Die Betriebsamkeit der großen Städte, die Übernahme internationaler Zeitpläne, die allgemeine Verbreitung der Klimaanlage und die Vorherrschaft der Arbeits- und Geldideologie verbannen den Mittagsschlaf als alte, dörfliche, traditionelle und unproduktive Gewohnheit. Ihn unter solchen Bedingungen zu verteidigen, bedeutet, sich der *political correctness* zu widersetzen. Aber mehr und mehr Städter sind besorgt wegen ihrer Zeitknappheit (»Ich habe keine Minute mehr für mich!«), wegen ihres Zeitdefizits, und trachten danach, Zeit zu sparen, ihr Tempo zu verlangsamen. 1977 eröffnete Stephan Rechtschaffen, ein New Yorker Mediziner, das Institut *Omega,* welches »zeitkranke« Menschen aufnimmt und ihnen (wieder) beibringt, die Zeit zu genießen. Peter Heintel, Professor für Philosophie an der Universität Klagenfurt, gründete 1990 die Gesellschaft *Tempus,* in der sich Anhänger der Langsamkeit versammeln. Heute setzen sich beispielsweise in Berlin »Slow-Food-Restaurants« gegenüber der Schnellgastronomie durch. Dem Laufschritt in den Gängen der U-Bahnen stehen die Unbeweglichkeit auf der Rolltreppe oder auf dem Laufband gegenüber sowie das Schlendern des Spaziergängers, das Anhalten ohne jeden Grund, das imaginierte Stoppen, das Atemholen und die Pause. Angesichts des Immernoch-schneller, der Kurierdienste und des Pizza-Express ist es geradezu wünschenswert und auch möglich, sich zu verspäten, das eigene Wohlergehen geduldig zu pflegen, jeden Moment wie eine Hymne an die Dauer, wie eine Hommage an das Leben zu genießen.

Die neue Sorge um die Zeit, die verschwörerische Beziehung mit jeder einzelnen Minute, die erlebte Zeitlichkeit, die Forderung, »die Zeit zu bewohnen«, um eine Formulierung des Historikers Jean Chesneaux aufzugreifen, verändern auch unsere Wahrnehmung und unseren Gebrauch des Raumes. Seit den

Untersuchungen von Jean Piaget weiß man einiges über die Prozesse der Verräumlichung unserer sensorisch-motorischen Aktivitäten und allgemeiner der Verräumlichung unserer Zeiten. In umgekehrter Richtung wurde dagegen weniger gedacht: Wie steht es mit der Zeitlichkeit der Räume, in denen wir leben? Inwiefern beeinflusst die Vielfalt unserer Rhythmen unser Sein im Raum? Berücksichtigen zum Beispiel Architekten und Stadtplaner die Zeit in ihren Projekten? Wie passt sich der Raum an die verschiedenen Zeitlichkeiten an, die ihn nutzen, ohne ihn zu instrumentalisieren? In Italien versuchen Fachmänner der Stadtentwicklung auf verschiedenen Wegen, Antworten auf diese Fragen zu finden. Ein solcher Weg könnte die *Chronotopie* sein: In den Fußstapfen Bachelards mit seiner Rhythmus- und Topoanalyse wäre die Stadt nicht nur als ein Ensemble baulicher Konstruktionen – jede in ihrem eigenen Stil, mit eigener Ästhetik und Alterung etc. – und als *no man's land* zu begreifen, sondern auch als ein Konglomerat von verschiedenen Zeiten. Die Stadt hat laut Paul Virilio auch ihre *no man's time*.

Sandra Bonfiglioli, eine der maßgeblichen Theoretikerinnen der chronotopischen Analyse (die auch die Sonderausgabe von *Urbanistica Quaderni* zu diesem Thema betreut hat), bemüht sich, das einem Ort eigene Zeitgefühl zum Vorschein zu bringen. Um einen Ort umzugestalten, eine Straße umzuleiten oder einen Platz zu entwerfen, stützt sie sich auf den Zeitplan der jeweiligen Verwendungen. Mehrere italienische Städte haben Zeit-Büros eingerichtet, die in Kooperation mit der Stadtverwaltung neue Bauprojekte realisieren.

Schlaf des Endymion (1791)
Anne-Louis Girodet de Roussy-Trioson

Die Menschen, die regelmäßig in die Stadt kommen, gleichen einander nicht und verwenden auch ihre Zeit in unterschiedlicher Weise. Will man ihren Bedürfnissen gerecht werden, ist es daher angebracht, sie näher kennenzulernen. Guido Martinotti differenziert vier der möglichen Gruppen: die Anwohner, die Pendler, die Konsumenten und »Metropolitan Businessmen«. Alle kommen ihrem Rhythmus entsprechend in die Stadt und suchen dort etwas Spezifisches. Die Stadt muss auf diese verschiedenen Erwartungen und Ansprüche reagieren. Eine gute Kenntnis der zeitlichen Eigenheiten einer Stadt trägt zur besseren Bewohnbarkeit bei. Es gilt jeden einzelnen Menschen, seinen Terminkalender, sein Alter, sein Geschlecht, seine Nutzung öffentlicher Räume und so fort zu berücksichtigen. In Bozen, Rom und Mailand stimmten sich die jeweiligen Verwaltungen untereinander ab. Sie vereinheitlichten nicht nur ihre Öffnungszeiten, um den Bedürfnissen der Besucher besser begegnen zu können, sondern zogen auch teilweise zugunsten einer besseren Erreichbarkeit um. Verbleibt eine öffentliche Einrichtung im Herzen einer verlassenen Altstadt, sind die Menschen gezwungen, ihr Auto für einen Besuch derselben zu nutzen, und vergrößern somit das Stau-Problem und die Umweltbelastung. Die betreffende Einrichtung dorthin zu verlegen, wo sie für möglichst viele Stadtbewohner gut zu erreichen ist, scheint vernünftig. Susanna Menichini hat für mehrere römische Verwaltungsbezirke eine Karte der jeweiligen Zeitlichkeiten erstellt – sie nennt das die räumlichen Aspekte der Zeitpolitik. Jeder Raum hat zu jeder Stunde des Tages und der Nacht seine Besonderheiten. Diese wiederum variieren im Jahresverlauf und sind abhängig von bestimmten Faktoren wie dem Tourismus oder dem Hochschulkalender. Der Raum kann auch mit dieser ewigen Wiederholung brechen, wenn etwa ein Anziehungspunkt für die Einwohner verlagert wird wie eine Verwaltung, ein Krankenhaus oder ein Unternehmen. Ein anderer Grund für Rhythmusveränderung kann der Bau eines Wohngebäudes sein, das wiederum eine neue Population mit sich bringt, oder wenn öffentliche Verkehrsmittel neu zur Verfügung stehen, die ihrerseits den Rhythmus der Menschenströme beeinflussen. Die Stadt ist niemals statisch. Ihre Geschichte schreibt sich in ihren architektonischen Rahmen ein, aber diese Geschichte der *longue durée,* wie sie der Historiker nennt, kollidiert mit Tausenden – Millionen? – unterschiedlichen Zeiten von Tausenden – Millionen? – Städtern, die gar nicht alle in der Stadt selbst wohnen. Bestimmte Stadtrouten werden zu ganz bestimmten Zeiten des Tages oder der Nacht frequentiert, was Stadtplaner nicht ignorieren können. Daher beziehen sie bei ihrem Umgang mit unterschiedlichen städtischen Räumen den Parameter Zeit mit ein. Kein Raum ohne Berücksichtigung seiner Rhythmen, die sich von einem zum anderen Moment des Tages verändern; kein städtebauliches Projekt ohne Kenntnis der zeitlichen Spezifika eines Ortes. Was die Architekten angeht, so halten sich die meisten von ihnen noch immer an die absurde und beschränkte Aufteilung der Wohnungen in Tag- und Nachtbereiche! Werden sie einen neuen Raum erfinden, das *Siestorium,* so wie Georges Perec in *Träume von Räumen* ein Monotorium, ein Dienstorium etc. ersann – also einen Raum für jeden Tag der Woche? Wird in der Fabrik und im Büroturm die *Siesteria* in der Nähe der Cafeteria zu finden sein? Werden sie beim Entwerfen eines Hauses auf sein Pochen hören, seine Vibrationen und seine Spannungen nutzen, wie so viele andere immaterielle und nichtsdestoweniger konstruktive Materialien? Auch eine Wohnung ruht sich aus, schläft ein und wacht auf. Ich liebe es, wenn mein Haus die Augen aufschlägt, seine Fassade aufbläht, die Mauern weitet, wie man die Arme ausstreckt, und sich schließlich zufrieden auf seiner Parzelle zusammenrollt. Ein Haus, das Mittagsschlaf hält, atmet regelmäßig und steckt mit seiner Ruhe an. Es döst, während darum herum Lastwagen lärmen, Autos hupen, Flugzeuge brummen und Passanten vorbeieilen. Gerade dieser Kontrast zwischen dem Trubel in der Umgebung und der Ruhe in der Hausgemeinschaft verleiht dem Mittagsschlaf seine Note glücklicher Gelassenheit.

Außerhalb des Hauses, in der Stadt, wurden bereits Zeitbörsen eröffnet. Dort macht man Tauschgeschäfte mit der Zeit – mit der eigenen Zeit und den eigenen Kompetenzen –, so wie man Güter auf einem Markt tauscht: Ich komme zu dir und hüte abends dein Kind, dafür bringst du mir Englisch bei. Jede zeitliche Aktivität ist eine potentielle Tauschware, und um ein Tauschgeschäft zu machen, braucht man eine Börse. Auch über das Internet werden derartige Transaktionen getätigt. Jeder kommt hierbei auf seine Kosten. Gegenüber der gesellschaftlichen Zeitrechnung, dem erzwungenen Zeitgebrauch, ist eine solche nicht-kommerzielle Verwendung der Zeit emanzipatorisch. Sie lockert die Verbindung zwischen Zeit und Geld, was wiederum einen bescheidenen Protest gegen das dominierende Wirtschaftssystem darstellt.

Der Mensch hat immer etwas zu tun, irgendein Werk zu verrichten, er geht nicht dauernd bezahlter Arbeit nach. Diese von André Gorz vor mehr als zwanzig Jahren formulierte Botschaft wird jetzt endlich vernommen, was jedoch nicht bedeutet, dass sie tatsächlich verstanden und akzeptiert wäre. Davon sind wir noch weit entfernt! Gorz' revolutionäre Idee von der selbstbestimmten Zeit ergänzen wir nun um die Zeit für sich selbst.

Und was ist mit dem Mittagsschlaf? Sollte ich ihn vergessen haben? Nein, er ist noch da. Als ein Beweis unter anderen für die Möglichkeit, unsere Zeiten – Chronobiologie, persönliche Geschichte, religiöse und gemeinschaftliche Zeit etc. – den Zeiten der Gesellschaft anzupassen. Schon die Tatsache, dass jeder seinen ganz persönlichen Rhythmus hat, ist ein kultureller Reichtum, den es zu stärken und zu nutzen gälte. Doch man hat lange geglaubt, dass eine effiziente und rationale Gesellschaft eine solche Unordnung und Disziplinlosigkeit nicht tolerieren könne. Man träumte von andauernder Regelmäßigkeit, man fürchtete den Konflikt, die Spannung, die Dysfunktion, kurz: die Unregelmäßigkeit. Die Komplexität unserer Gesellschaften zeigt jedoch, dass die Regelmäßigkeit eine Ausnahme ist, dass wir den Bruch, die Veränderung, die Krise als notwendige Momente des Wiederauflebens und der Erneuerung denken müssen. In der Vielfalt der Zeiten liegt ein ebensolches Moment. Eine Gesellschaft, die von allen verlangt, unisono zu atmen, zu denselben Stunden zu arbeiten und simultan zu leben, ist totalitär und dem Untergang

Die Frauen von Algier in ihrem Gemach (1834)
Eugène Delacroix

geweiht. Das Scheitern bestimmter Utopien hing unter anderem mit dieser Unfähigkeit zusammen, die Mannigfaltigkeit der Verhaltensweisen zu akzeptieren und alle möglichen und denkbaren Zeitentwürfe zu unterstützen. Allerdings legen Utopien häufig auf eine Verminderung der obligatorischen Arbeitszeit wert, um den Menschen zu ermöglichen, sich zu bilden – in den meisten Utopien hat Bildung höchsten Wert –, sich zu kultivieren und anständig zu schlafen und zu ruhen. Dennoch prangert die Mehrzahl der Utopisten – sie sind fast immer auch Moralisten – die Faulheit und den Müßiggang an, wie sie auch einen gewissen sexuellen Puritanismus hochhalten. Charles Fourier und auch einige andere Frühsozialisten wagten es, mit dieser Strenge zu brechen und zu behaupten, die wahre Befreiung bestünde gerade darin, aus der düsteren Dialektik von Gut und Böse auszubrechen. Folgerichtig gibt es kein Jenseits wie bei Nietzsche, sondern nur ein Woanders, findet man Zuflucht nur an einem Ort, der gar nicht existiert, der keine Zukunft ist, sondern etwas Gegenwärtiges, ein geschenktes Jetzt. Thomas Morus erachtete sechs Arbeitsstunden täglich als notwendig für seine Inselgemeinschaft in *Utopia* (1516). Während Campanella in seinem *Sonnenstaat* (1623) vier Stunden veranschlagte, arbeiten Claude Gilberts »Avaïtes« fünf Stunden (*Histoire de l'Île de Caléjava* von 1700) und die von Denis Vairasse d'Alais ersonnenen »Sevarits« acht (*History of the Sevarits or Sevarimbi*, 1675). Über die Bewohner der imaginären Länder von Restif de la Bretonne, Jean-Baptiste Say oder Cabet weiß man hingegen nur, dass sie ihr Brot im Schweiße ihres Angesichts verdienen – so etwas aber auch! Das Erkennen und das Verwirklichen der Leidenschaften befreien das Individuum von oft scheinheiligen moralischen Zwängen und ermutigen es, seine Passion, seine Lust und sein Verlangen intensiv auszuleben. In einem Gesellschaftsentwurf wie dem von Charles Fourier, der dieses grundsätzlich jedem ermöglichen möchte, wäre damit auch die Arbeit etwas völlig anderes. Arbeit bestünde folglich darin, nach eigener Laune und zum Vergnügen an den diversen Aktivitäten teilzunehmen, welche in der Gemeinschaft *(Phalanx)* vorkommen. In diesem Modell findet sich für jede Aufgabe – selbst für die undankbarste – jemand, der sie erfüllt. Und sei es nur für ein einziges Mal. Dass in einem solchen Gesellschaftsentwurf auch die Siesta nicht verwerflich wäre, versteht sich von selbst...

Kornernte (1565)
Pieter Brueghel der Ältere

VI

Mittagsschlaf als Widerstand

Der Mittagsschlaf als Protest? Sie scherzen wohl! Gegen was denn? Gegen wen? – Gegen die »Weltzeit«, dieses Resultat der Globalisierung, die überall eindringt und sich schamlos als Faktum ausgibt, als selbstverständliche und unbestreitbare Größe. Es ist diese ökonomische Organisation, die alles verbucht, quantifiziert und weiterverwertet, die den freien Gebrauch der Zeit oder genauer der Alltäglichkeit verhindert.

Inzwischen stehen rund um die Uhr Bankautomaten zur Verfügung, und dennoch wird man immer einen missmutigen Verbraucher finden, der meckert, weil die Banken gerade geschlossen sind, wenn er Zeit hat. Die *gewählte Siesta* zöge eine vollständige Reorganisation der Arbeitszeit im Bereich der Dienstleistungen und der Unternehmen nach sich. Es geht nicht darum, von dieser zu jener Stunde für eine Weile geschlossen zu haben, sondern um das, was Pierre Sansot »temps flottant« nennt. Es geht also um eine fließende Zeit und darum, unter Berücksichtigung der verschiedenen individuellen Verhaltensweisen alle zufriedenzustellen, ohne jemanden zu benachteiligen. Wer sich einem solchen fließenden Zeitbegriff verweigert, der verschließt die Augen vor so zweifelhaften Praktiken wie dem Aufhängen eines Schildes mit der Aufschrift: »Bin gleich zurück!«, der Bummelei am Arbeitsplatz, dem willkürlichen und »vorübergehenden« Schließen eines Schalters, dem Dösen im Stehen und gedanklichen In-die-Ferne-

Schweifen, während man doch physisch anwesend ist. In *Manhattan Transfer* gelingt es Dos Passos, die Gleichzeitigkeit der urbanen Welten zu zeigen und wie sich jeder in ihnen behauptet. Ein einzelner Fußgänger kann sich der Menge entgegenstellen, genauso wie ein Flaneur vorgeben kann, es auf dem Weg zu einem Termin furchtbar eilig zu haben. Er tut so, als sei er ganz und gar damit beschäftigt, den Weg zu finden, und dabei genießt er nur jedes Detail des städtischen Spektakels. Die große Stadt, in der alles automatisch läuft, verkraftet solche Überschreitungen letztendlich recht gut. Beim Spaziergänger, von dem schon die Rede war, beobachtet Pierre Sansot mit Nachsicht und sogar Sympathie die Zickzack-Routen, das Zögern, die Haken und Umwege, die er macht und die seinem Umherschweifen etwas von dem berühmten »objektiven Zufall« der Surrealisten geben.

In der Todesanzeige André Bretons stand zu lesen: »Ich suche das Gold der Zeit«. Fangen wir bescheiden damit an, indem wir lernen, sie fröhlich zu nutzen, und wagen wir uns dann vor in die Mysterien der *zurückeroberten Zeit*.

Die weltweite Urbanisierung der Sitten und Bräuche ist ein komplexer Vorgang: Auf der einen Seite werden Praktiken, Verhaltensweisen und Werte verbreitet und homogenisiert – was zu größerer Uniformität beiträgt. Auf der anderen Seite bringt die voranschreitende Urbanisierung gleichzeitig neue Mischungen und Kreuzungen, Ablehnungen und Oppositionen hervor – völlig neue Kombinationen, die wiederum zum Ursprung einer vielseitigen Kultur werden. Bei genauerem Hinsehen ergänzen sich diese beiden Bewegungen mehr als sie sich widersprechen.

Bevor wir die Siesta in diesen Kontext einordnen, halte ich es für sinnvoll, einige Begriffe zu präzisieren. Warum ist hier von der Urbanisierung der Sitten und Bräuche und nicht von einer Globalisierung des Kapitalismus oder einer generalisierten Cyberkultur die Rede? – Um der außerordentlichen Kluft zwischen den einzelnen Gesellschaften Rechnung zu tragen, die zwar von der Globalisierung der Märkte und der Cyberkultur erfasst sind, aber nicht in ein einziges Schema zu zwängen sind, das in seiner funktionalen Logik und Entscheidungsstruktur nie allen gerecht werden kann. Mangels eines überzeugenderen Terminus ziehe ich den Begriff von der »Urbanisierung der Sitten und Bräuche« vor, weil er eine laufende zivilisatorische Bewegung ausdrückt, ohne dabei eine bestimmte Entwicklung festzuschreiben außer der einer »allgemeinen Verstädterung«, wobei sich auch die Grenzen und der Gehalt des damit Bezeichneten unablässig verändern. Sicher, ein aufmerksamer Beobachter kann die Verbreitung einer Allerweltsarchitektur feststellen, die nirgendwo richtig hingehört: Überall stehen austauschbare Gebäude, große Einkaufszentren und Lagerhallen am Rand der Altstädte; ineinander verschlungene Autobahnkreuze und Eisenbahnknoten; städtebauliche Konzepte, die sich darauf beschränken, mehr oder weniger überdimensionierte Straßennetze zu trassieren – kurzum, überall sind ähnliche »Zeichen« offensichtlich, die jedoch von den Bevölkerungen verschiedener Kulturen unterschiedlich gesehen und interpretiert werden. Sicher, der Beobachter könnte befürchten, dass uns eine globalisierte Welt, eine radikale Homogenisierung der Lebensweisen und des Seins, mehr oder weniger kurz bevorsteht. Sicher, der ans Internet angeschlossene Beobachter kann nicht ignorieren, dass die digitale Kultur der alphabetischen und der volkstümlichen Kultur den Platz streitig macht; dass es sich hier nicht einfach nur um ein perfektioniertes und leistungsstarkes Werkzeug handelt, sondern auch um ein neues Raum-Zeit-Denken, um neue intellektuelle Reflexe, um neue Arten, mit und in der Welt zu sein, letztlich: um eine neue Welt. Sicher, der Beobachter im Fernsehsessel kann die Einflüsse – auch die schädlichen – von TV und Video auf die Sichtweise und die Meinung des Zuschauers nicht verkennen, und führt das Fernsehen auch die ganze Welt in den Alltag eines jeden ein, so geschieht dies doch in Abwesenheit eines Anderen. Das Fernsehen ist ein Nicht-Ort. Es informiert nicht, es formt nicht, es überträgt nicht, es kommuniziert nicht wirklich; es lässt sehen, ohne Bindungen, Verbindungen, Auflösungen herzustellen. Darüber hinaus popularisiert es eine bestimmte urbane Vision sozialer Beziehungen, des Imaginären und der umgebenden Natur. Und doch kommen die Kommunikationstechnologien demjenigen, der seine Zeit mit Bedacht verwaltet, sehr gelegen. Schließlich speichern der Anrufbeantworter und das Videogerät – um nur diese beiden Maschinen zu nennen – Informationen, die folglich in der Zeit verschoben werden. Ich wähle dann selbst den günstigsten Moment, um die telefonischen Botschaften abzuhören, den aufgezeichneten Film oder die Reportage anzusehen. Wenn ich Mittagsschlaf halte, stelle ich beide an und schlafe friedlich ein...

Es wäre gefährlich und naiv, diese Beobachtungen zu verkennen oder zu unterschätzen. Und was heißt das alles nun? –

Alle Gesellschaften der Welt sind in einem gemeinsamen Abenteuer unterwegs: der Urbanisierung. Diese verstärkt Prozesse der Ausgrenzung genauso, wie sie andererseits Zusammenschlüsse, als das Gegenteil von Trennung, fördert. Sie bringt tatsächlich beide Prozesse mit sich, ohne dass der eine den anderen dominieren würde. Sie halten sich tatsächlich die Waage – wenigstens im Moment. Die Kampflinie verläuft dabei nach wie vor zwischen der Barbarei und der Zivilisation. Zwischen auf der einen Seite der Fernsehbarbarei, der Barbarei der von privaten Sicherheitsfirmen geschützten Wohnsiedlungen, der Barbarei digitaler Ausgrenzung, der Barbarei einer segmentierten Welt, in der Hass die Rolle des Gleichmachers spielt, und auf der anderen Seite einen polizeilich gesicherten, verstädterten, demokratisierten, befriedeten urbanen Zivilisation … Der Ausgang dieser Auseinandersetzung ist noch ungewiss! Ich hänge letzterer an, der Verschiedenartigkeit, der Lebensfreude, dem Reichtum der Begegnung, dem Glück des Unvollendeten, dem Ungewissen, dem Zusammengebastelten, dem Instabilen, dem Risiko, dem Unvollkommenen. Die Zukunft darf unvollendet bleiben, so wie die Gegenwart, unsere Gegenwart, oft im Konjunktiv stattfindet und niemals perfekt ist … Sie haben es erraten, in diesem Zusammenhang ist der Umgang mit der Zeit ganz entscheidend. Eben deshalb ist der Mittagsschlaf ein Akt des Widerstands, eine Stellungnahme, eine Politik.

In seinem umfassenden Essay *The Dance of Life* zeigt Edward T. Hall anhand zahlreicher Beispiele (Hopi, Navajo, Nuer, Quiché, Japaner, US-Amerikaner, Europäer etc.), inwieweit die

Zeit konstitutiv für die Kultur eines Volkes, einer Ethnie, einer Gesellschaft ist. Seiner Meinung nach ist Zeit vor allem eine ständig erneuerte Erfahrung, und diese Erfahrung ist immer individuell, einzigartig und nicht reproduzierbar. Deswegen beschreibt er die Vielfalt von Situationen in der Zeit, manche ausführlicher als andere, und versucht, eine Art Typologie der Rhythmen zu erarbeiten. Der Titel des Essays bringt die Ergebnisse seiner ausführlichen anthropologischen Untersuchung zum Thema Zeit auf den Punkt. Es handelt sich um einen Tanz, das heißt um Aktionen. Der Tanz, das Ballett, die Choreografie versetzen den Körper in Schwingung, stecken einen Raum ab – den der Körper durch Bewegung gestaltet –, halten Rhythmen, stellen eine Anstrengung dar, verlangen nach einer Ruhepause, spannen und entspannen die Muskeln, erlegen eine Disziplin auf, laden aber zugleich zur Disziplinlosigkeit ein, zu freien Figuren, gymnastischer Kühnheit, improvisierten Verrenkungen, fiktionalen Ausbrüchen… Der Mittagsschlaf ist ein Schritt, ein kleiner Schritt in diesem Tanz, um bei der Metapher zu bleiben. Ein Wechselschritt, der das Ganze rhythmisiert, ohne es wie eine Uhr in eine starre Mechanik einzusperren, in eine Wiederholung, eine Gewohnheit. Sein Leben zu tanzen bedeutet Rhythmen zu erfinden, sich mit seinen neurobiologischen Uhren vertraut zu machen, die Schritte zu kreieren, die am besten zu einem passen, eine eigene kleine Melodie erklingen zu lassen. Das strikte Trennen von Tag und Nacht, das Einteilen in Momente mit vorbestimmtem Inhalt, machte es uns nur schwer, mit unserer Zeit zurechtzukommen. Deshalb muss eine Auseinandersetzung mit dem Schlaf am Mittag auch eine Auseinandersetzung mit der Arbeitszeit sein.

Im ausgehenden 19. Jahrhundert nahm sich der Schwiegersohn von Marx, Paul Lafargue, vor, das 1848 von den Revolutionären errungene »Recht auf Arbeit« durch das »Recht auf Faulheit« zu widerlegen. In der Londoner Bibliothek seines Schwiegervaters fand er ein Buch von Louis-Mathurin Moreau-Christophe über das Recht auf Untätigkeit und die Organisation der Sklavenarbeit in den griechischen und römischen Republiken. Lafargue verschlang es förmlich und erinnert sich daran, als er *Das Recht auf Faulheit* verfasst. Dieses Pamphlet wurde zuerst 1880 in der Wochenschrift *L'Égalité* veröffentlicht, bevor es als Broschüre erschien und einen ansehnlichen Erfolg feierte. Lafargue, der in der Arbeit das Übel schlechthin sieht, stellt seinem Pamphlet zur Verteidigung der Faulheit Lessings Worte voran: »Laßt uns faul in allen Sachen / Nur nicht faul zu Lieb' und Wein / Nur nicht faul zur Faulheit sein.« Diese libertäre Haltung klang in einigen Forderungen der 68er-Bewegung nach, etwa wenn sie verlangte: »Genießt hemmungslos!« Mehr als ein Jahrhundert nach dem Erscheinen von Lafargues Pamphlet formulierte Bruno Comby das »Recht auf Siesta«, dem ich blind zustimme. Ich unterschreibe auch die »Charta der Siesta«, mit der Combys Werk schließt. In sieben Artikeln legitimiert diese Charta die Siesta als notwendige und respektable, heilige Handlung, die man nicht behindern darf und die ein jeder ausüben kann, wann und wo er möchte. Genau wie er kämpfe ich, wobei ich die Auseinandersetzung noch auf andere Bereiche als die Arbeitswelt ausweite, für eine Versöhnung des Menschen mit seinen Rhythmen, mit seiner Zeit. Das Wort Freiheit hat nur dann wirklich einen Sinn, wenn es auch den selbstbestimmten Umgang jedes Einzelnen mit seiner Zeit meint. Das freie Verfügen über die eigene Zeit ist die Voraussetzung für die Autonomie des Einzelnen. Diese Individualisierung der Zeit ist kein Akt »zivilen Ungehorsams«, sie bedeutet keine Verweigerung von Regeln, die jedes Leben in Gesellschaft erforderlich macht, es liegt darin keine Missachtung der anderen oder ein Pochen auf den eigenen kleinen Vorteil. Ganz im Gegenteil manifestiert sich in ihr der Wille, wirklich in seiner Zeit zu sein, sich der eigenen Präsenz versichern – in der Welt, mit und unter anderen. Da zu sein, zuzuhören, aufmerksam zu sein – all dies ist nur dann intensiv möglich, wenn man auch Pausen macht, innehält und Stille genießt. Genau wie unser Schlaf mehrere Phasen durchläuft, sind auch unsere Aktivitäten zyklisch. Es ist gut, sich dessen bewusst zu sein. Dieser Tatsache Rechnung zu tragen, heißt an sich selbst tätig zu werden, um anderen zu begegnen.

Schläferinnen und Schläfer, schlaft am Mittag!

VII

Kein letztes Wort

Ich erinnere mich an eine lange Schlange von Bussen, Autos, Taxis, Pferden und Rucksacktouristen an der iranisch-afghanischen Grenze auf dem Weg von Meched nach Herat. Um ihre Reise fortzusetzen, mussten alle darauf warten, dass die afghanischen Zöllner die Siesta beendeten.

Ich erinnere mich an Moslems, die sich vor der übermächtigen Hitze in die große Omaijaden-Moschee in Damaskus zurückgezogen hatten und im Schutz Allahs Mittagschlaf hielten.

Ich erinnere mich an mein Vergnügen, wenn ich fast schwelgerisch meiner Tochter Aurélie ein Buch vorlas, damit sie begleitet von Geschichten und Bildern in ihren Mittagsschlaf fiel. Nach einigen Monaten erlesener Unterhaltung – wie gerne hatte ich Max und seine wilden Kerle! – hielt ich mich für einen halbwegs professionellen Vorleser, und dennoch schlossen sich meine Augen gegen meinen Willen, rollte ich mich neben meiner Tochter auf dem schmalen Bett ein, und wir beide schliefen friedlich... Erinnerungen aus einer längst vergangenen Zeit.

An meinen ersten Mittagsschlaf erinnere ich mich überhaupt nicht.

Das türkische Bad (1862)
Jean-Auguste-Dominique Ingres

Ich erinnere mich genau an einen Mittagsschlaf am Strand von Porteaux, auf der Insel d'Yeu, wo mich der rhythmische Gesang des Meeres sanft wiegte und das Plappern der Kinder, die unglaubliche Sandburgen bauten…

Ich erinnere mich daran, wie ich nach der Liebe mit C. schlafend auf einer blauen Luftmatratze lag, an einem grünlich-blauen Meer, unter dem leuchtend blauen Himmel des bretonischen Sommers…

Ich erinnere mich an einen unbequemen Mittagsschlaf in einem überfüllten Minibus zwischen Douala und Yaoundé. Ich saß eingeengt von zwei imposanten Matronen, die unaufhörlich miteinander plauderten, gnadenlos eingequetscht wie ein zerbrechliches Stück Holz zwischen den Backen eines Schraubstocks.

Ich erinnere mich an einen Mittagsschlaf, den ich nahe des Vansees im Osten der Türkei hielt und aus dem ich durch ein leichtes Erdbeben geweckt wurde.

Ich erinnere mich an eine glücklose Siesta in einem »Hotel« unter freiem Himmel nahe Mokka im Yemen, wo ich gequält von Stechmücken und wie gelähmt durch die drückende Hitze keinen Schlaf finden konnte.

Ich erinnere mich an eine sinnliche Siesta zu zweit, bewacht von Kiefern am Rande eines spiegelglatten Swimmingpools auf einem einsamen Hügel westlich von Manosque. Über allem lag der süße Lavendelduft. »Was will man mehr?«, dachte ich damals. Die Liebe zu Beginn des Nachmittages hat Qualitäten, mit denen es der nächtliche Sex niemals aufnehmen kann: wenn die Lust in den Augen des anderen aufleuchtet…

Ich erinnere mich an eine sinnliche Siesta allein, in der ich nach dem Höhepunkt der Lust in einen von Kreaturen à la Delvaux bevölkerten Schlaf entführt wurde. Und nicht ein Termin, der mich im Anschluss erwartet hätte…

An eine sinnliche Siesta zu dritt oder zu viert erinnere ich mich nicht. Ein Loch in der Erinnerung? Könnte man denn überhaupt gut schlafen mit so vielen?

Ich erinnere mich an einen durch schrilles Telefonläuten unterbrochenen Mittagsschlaf. Es hatte sich jemand verwählt! Verflucht seien alle Mittagsschlafverderber!

Ich erinnere mich an Siestas in Albany, so ordentlich wie liniertes Papier: Nach einem Imbiss und vor der Plauderei in den Abendstunden brach ich glücklich auf einem Liegestuhl zusammen am Swimmingpool des Mittelklassehotels, in dem die Universität mir ein Zimmer reserviert hatte. Während ich vor mich hin döste, meditierte ich und bereitete meine Lehrveranstaltungen vor. Die Siesta hat das große Verdienst, beim Ordnen von Ideen zu helfen, den Kopf leeren und unseren Geist ruhen zu lassen.

Ich erinnere mich an eine heiße Siesta, in der sich der Schläfer, schweißgebadet wie ein Ringer nach dem Kampf, selbst k.o. setzte.

Ich erinnere mich an ein Ferienhaus, in dem man die Siesta wenig schätzte. Ich musste mich ins Exil begeben ganz ans Ende des Gartens in den Schatten der Kiefern. Es gibt tatsächlich solch autoritäre und fanatische Häuser.

Ich erinnere mich an eine besonders angenehme, durchwachte Siesta, während der ich eine Weltreise unternahm und meine Freunde besuchte. Wie durch Telepathie.

Ich erinnere mich an einen chrysanthemenfarbenen Mittagsschlaf, ein Anlass, um meiner Toten zu gedenken.

Ich erinnere mich an eine verhinderte Siesta durch den Besuch guter Freunde, die ich weder sitzen lassen konnte noch wollte.

Ich erinnere mich an einen federleichten Mittagsschlaf, während dessen ich nach Lust und Laune schweben, unbekannte Länder besuchen, die Windungen eines kühlen Flusses entdecken, das Land des ersehnten Schlafes kartografieren konnte.

Ich erinnere mich an unzählige Siestas, über die es gar nichts zu sagen gibt.

Ich erinnere mich an eine erdrückende Siesta, die bei mir einen Katergeschmack hinterließ...

Ich erinnere mich an ein Selbstverbot, Siesta zu halten – das Kolloquium sollte am Nachmittag mit meinem Beitrag weitergehen! Ich erinnere mich an eine fröhliche Siesta, eingehüllt in tausend geschenkte Freuden. Und beim Aufwachen ein Aufflattern kindlichen Gelächters...

Ich erinnere mich an eine kurze Siesta, einige Sekunden von selten intensiver Konzentration bei gleichzeitiger Entspannung.

Ich erinnere mich an eine sehr lange Siesta, die mich bis tief in die schützende Nacht begleitete. Dieser in die Nacht hineinreichende Tag rief in mir das Bild von Regen hervor, der sich mit dem Meer vereinigt.

Ich erinnere mich an süße, musikalische, parfümierte, grenzenlose, fröhliche Siestas, aber auch an bittere, ruhige, fade, schmale, geschlossene, oder an unruhige, lärmende, launische, fleischfarbene, holzfarbene, steinfarbene, meerfarbene, an elementare, primäre und primitive Siestas, schließlich an zivilisierte, gesittete, und an andere, ausschweifende, verlotterte oder verschobene, azurblaue, seltsame, mönchische, ekstatische Siestas – kurzum: an völlig unterschiedliche und in ihren Effekten und Ursachen manchmal gegensätzliche Siestas. Die ganze Wahrheit der Siesta ergründen wir nie...

Ich erinnere mich an derart viele Siestas, dass ich mich manchmal dabei ertappe, sie Revue passieren zu lassen, so wie der Schlafsuchende Schäfchen zählt, um schneller und vergnügter ins Land der Träume zu entwischen.

VIII

Zehn Jahre danach – Nachwort zur Neuauflage

Es ist so schnell vergangen! Unglaublich, ich meinte, nur einige Augenblicke gedöst, eine kleine Viertelstunde lang geschlummert, eine Handvoll Stunden verträumt zu haben, und schon sind zehn Jahre vergangen, seitdem dieser kurze Essay das erste Mal erschienen ist. Eine ganze Düne ist in der Zwischenzeit durch die Sanduhren gerieselt.

Dazwischen liegen nur gute Erinnerungen! Heilbringende Ruhepausen, wunderbares allmähliches Einschlafen, hin und wieder aufreizende Siestas, die streichelten und erregten, kurz, eine erfüllte Zeit, warm, vitaminreich, belebend und harmonisch. Zeit für sich selbst, mit sich alleine. Ohne jeden Zwang. Ohne eine Belastung. Ohne schlechtes Gewissen. Ja, der Mittagsschlaf ist nach wie vor ein Segen, wie ein Luftzug, eine Welle, die anschwillt und einen trägt, ohne dass man jemals untergeht, eine Weite voller glücklicher Perspektiven, ein Geheimnis, gleichzeitig aufregend und heiter, eine Leckerei, die nie zur Neige geht, ein Nebenan, das bereitsteht, ein Nichts, das Vieles gibt, kurz – Sie werden es inzwischen verstanden haben –, die Siesta ist nicht nur ein Mehr, sondern das Bessere. Sie ist wesentlicher Bestandteil eines Schutzes der Existenz, zu dem wir verpflichtet sind.

L'Art de la sieste erschien im Original zum ersten Mal 1998. Einige gelangweilte Buchhändler – man verzeihe mir diese Unterstellung – blätterten in diesem kleinen Buch mit eloquentem Titel, waren hingerissen, vielleicht sogar überzeugt, und platzierten es gut sichtbar gleich neben den Kassen, legten es ihren Kunden ans Herz und sorgten auf diese Weise für seinen bescheidenen aber beachtlichen Erfolg. Wenige Wochen nach dem Erscheinen rezensierte es Francis Mizio (ein Name, den man sich merken muss) in der Zeitung *Libération* unter einer Überschrift, die mich in helle Freude versetzte: »Ein sehr ernstes und wohlbegründetes Werk zur Verteidigung einer bedrohten Lebensart.« Dank dieser enthusiastischen Besprechung und weil der Sommer kam – eine gute Saison für Mittagsschlafeinsteiger –, stürzten sich Frauenmagazine und Gesundheitsblätter auf dieses Tabuthema und rückten die Siesta in ein positives Licht. Nun erschien sie nicht mehr unbedeutend, rückständig und veraltet, sondern unbedingt modern und der Autonomie des Individuums förderlich. Anders als man gemeinhin annimmt, kommt die Siesta nicht nur nach dem Mittagsschlaf, sie offenbart sich uns an jedem Tag im Jahr, um uns einzuladen zu einer kurzen und intensiven Pause, die unsere Reserven wieder auflädt. Und schon sind wir entspannt, startklar und einsatzbereit. Es wundert mich, dass selbst gerissene Arbeitgeber nicht verstanden haben, dass ein Mittagsschlaf ihren Arbeitern neuen Schwung verleihen würde, und ich werde – anarchistisch wie ich bin – dieses Mittel der Effizienz- und Umsatzsteigerung nicht noch weiter ausplaudern. Wie in der Zeitung *Libération* vom 12. Mai 2003 zu lesen war, geht eine Nasa-Studie davon aus, dass vierzig Minuten Ruhezeit in der Mitte des Arbeitstages die Leistungen des Einzelnen um 34 Prozent steigern. Sehr schnell stürzte sich die Wirtschaftspresse auf dieses ach so heiße Eisen: Was hat es auf sich mit diesem Mittagsschlaf bei der Arbeit? Unternehmen fingen an, mit Schlafräumen zu experimentieren. In den USA bietet Yarde Metals seinen fünfhundert Angestellten drei Schlafsäle, sogenannte *naprooms*, und in Japan verfügen die meisten Unternehmen über Schlafsalons. Designer entwerfen Siesta-Sessel und entwickeln Prototypen: Die Französin Matali Crasset stellte »Téo von zwei bis drei« vor, ein ausklappbares und leicht zu verstauendes Schlafpolster. 2001 verkaufte der Büromöbelhersteller Sedus 130 000 ergonomische Liegesessel vom Typ »Open Up«. Und in Spanien empfängt das Unternehmen »Masaje a mil« in seinen Ruhe-Salons Mittagsschläfer, die dort in einem speziell dafür entworfenen Stuhl Platz nehmen. In Embryonalstellung mit abgesenktem Kopfteil genießen sie eine Massage, die ihnen beim Einschlafen hilft. Das alles kostet nur ein paar Euro für die halbe Stunde, musikalische Untermalung und ein sanftes Wecken sind inbegriffen.

Jedes Jahr zur Ferienzeit widmen sich Frauenzeitschriften den Wohltaten des Mittagsschlafs, oder noch allgemeiner des *far niente,* der Faulheit, des Müßiggangs – diese Begriffe sind Synonyme –, und mit Ende der Urlaubszeit und dem Anbruch des Schuljahres wird in der Presse über die Dauer des Schulunterrichts und flexible Stundenpläne diskutiert. Jedes Mal werden die Mittagsschläfer entschuldigt und die Siesta nahegelegt. Was will man mehr?

Ich hätte mich bestimmt als Siestatherapeut niederlassen können, hätte Patienten und Patientinnen bei mir empfangen, ihnen mein Sofa angeboten und sie während ihres Mittagsschlafs begleiten können. Ode ich hätte Siestologe werden können, um riesige internationale und interdisziplinäre Untersuchungen zum Mittagsschlaf zu lancieren, die Einbußen im Bruttoinlandsprodukt eines jeden Landes durch die Vernachlässigung des Mittagsschlafs zu errechnen und die psychologischen Schäden jedes Individuums durch nicht gehaltene Siesta bestimmen zu können usw. Da ich die Verbreitung der Siestologie verfolge, begegne ich unglaublichen Menschen: fanatischen Kämpfern für den Erhalt menschlicher Einzigartigkeit, Künstlern, deren Material die Zeit ist, Partisanen, die sich für die Selbstbestimmung über die eigene Zeit einsetzen, Widerstandskämpfern gegen die Vorherrschaft der Disziplin, gegen die Tyrannei auferlegter Stundenpläne, gegen die verlorene Zeit, die nicht vor den Karren gespannt werden wollen und gegen Überlastung kämpfen, gegen Überstunden, gegen die Fremdbestimmung durch Fahrpläne öffentlicher Verkehrsmittel, die ohnehin so häufig nicht funktionieren, gegen aufgezwungene Wartezeiten und gegen was weiß ich. Sie wollen Namen? Die Partei der Schlafmittelrevolution, Die Internationale der Mittagsschläfer, Die Zeitschmuggler, Die Freunde der Entschleunigung – werden sie Bestand haben? Ich hoffe, denn es geht um ein zeitloses Thema, das nicht altert.

Ich recherchiere weiter zum Schlaf und zur Chronobiologie, über unsere Nervenzellen, die Adenosin herstellen, eine chemische Substanz, die unser Organismus in unverzichtbaren Ruhezeiten reguliert. Unser Schlaf entfaltet sich in etwa fünf Zyklen, je nach Individuum. Wir schlafen ein, schließen die Augen, sind noch einen kurzen Moment lang bei Bewusstsein, bevor wir in wenigen Minuten in einen Schlaf fallen, der unseren Herzrhythmus verlangsamt, unseren Muskeltonus verringert und unsere Körpertemperatur sinken lässt. Auf die ersten vier ruhigeren Phasen folgt der REM-Schlaf, bei dem unser Gehirn seine volle Arbeitsleistung ausschöpft und Träume generiert. Diese Schlafphasen, die ersten vier ruhigeren Stadien und das REM-Stadium, folgen aufeinander und wiederholen sich zyklisch die ganze Nacht hindurch.

Jeder Mensch benötigt eine individuelle Menge an Schlaf, es ist jedem selbst überlassen, seine ideale Dauer nächtlicher Ruhe zu bestimmen, zu der am Tage als Nachschlag, als Schlemmerei der Mittagsschlaf hinzuzufügen ist. Die biologische Uhr befindet sich im Hypothalamus und regelt unseren Tagesrhythmus von in der Regel vierundzwanzig Stunden. Eine Störung dieser inneren Uhr führt zu Schlaflosigkeit oder -sucht. Wie auch immer, trotz der vielen Rätsel, die nach wie vor den Schlaf umgeben, ist eines sicher: Der Mittagsschlaf als Selbsttherapie macht süchtig, es ist eine sanfte Droge, ein charmantes Beruhigungsmittel.

Ich bin noch überzeugter als vor zehn Jahren von der einzigartigen Qualität des Mittagsschlafs, dieses kristallinen Moments mitten am Tage, dieses subtilen Verschwimmens der Zeitlichkeit, dieses unvergleichlichen Gefühls vollkommener Freiheit. Jetzt höre ich auf mit dieser Plapperei, denn ist höchste Zeit für eine Siesta. Wie sollte man Nein sagen, wie widerstehen? Und vor allem: warum sollte man? Die Siesta hat überhaupt keine rationale, logische, ordentliche Begründung nötig. Sie gebiert sich immer wieder neu, kommt zu uns, verlobt sich mit unserer Trägheit, neckt uns, erleuchtet und stärkt uns. Sie ist eine ganz und gar ausgefüllte Leerzeit.

Titel der französischen Originalausgabe:
»L'Art de la sieste« © Zulma 1998

1. Auflage dieser Ausgabe 2020
2. Auflage dieser Ausgabe 2024

Umschlaggestaltung: Paloma Tarrío Alves / Steidl Design
Satz und Layout: Katharina Staal, Sarah Winter / Steidl Design
Gesamtherstellung und Druck: Steidl, Göttingen

Steidl
Düstere Str. 4, 37073 Göttingen
Tel. +49 551 49 60 60
mail@steidl.de
steidl.de

Printed in Germany by Steidl
ISBN 978-3-95829-770-8

Auch als eBook erhältlich